本期由中国民俗学会中国昆仑文化研究基地协办

# 中国民俗学集刊

昆仑文化研究专号（上）

2014年第1期

Collected Papers of Chinese Folklore

主编 / 赵宗福

社会科学文献出版社
SOCIAL SCIENCES ACADEMIC PRESS (CHINA)

# 中国民俗学集刊

| | |
|---|---|
| **主　　　办** | 青海省民俗学会 |

**学 术 顾 问**（按姓氏笔画排序）

乌丙安　中国民俗学会名誉会长、国家非物质文化遗产专家委员会副主任、辽宁大学教授

王秋桂　台湾"中央研究院"研究员、《民俗曲艺》杂志执行主编

刘魁立　中国民俗学会名誉会长、国家非物质文化遗产专家委员会副主任、中国社会科学院民族文学研究所教授

朱世奎　青海省社会科学院原院长、研究员、民俗学家

郝苏民　国家非物质文化遗产专家委员会专家、西北民族大学教授

**编　　　委**（按姓氏笔画排序）

王霄冰　德国民俗学家、中山大学文学院教授

叶　涛　中国民俗学会副会长兼秘书长、中国社会科学院教授

田兆元　华东师范大学社会发展学院院长、教授

李　松　文化部民族民间文艺发展中心主任

刘铁梁　中国民俗学会副会长、北京师范大学文学院教授

苏独玉　美国印第安纳大学教授

陈益源　台湾成功大学国文系主任、教授

赵世喻　中国民俗学会副会长、北京大学历史系教授

赵宗福　中国民俗学会副会长、青海省民俗学会会长、青海省社会科学院院长、教授

林继富　中央民族大学教授

罗成晚　韩国比较民俗学会会长、木浦大学教授

高莉芬　台湾政治大学教务长、国文系教授

菅　丰　日本民俗学会会长、东京大学教授

董晓萍　中国民俗学会副会长、北京师范大学文学院教授

朝戈金　中国民俗学会会长、中国社会科学院民族文学研究所所长、研究员

喇海青　青海省民俗学会副会长、青海天地人缘文化旅游发展有限公司董事长

简　涛　德国柏林自由大学东亚研究所研究员、柏林自由大学孔子学院教授

**主　　　编**　赵宗福

**副　主　编**　马成俊　米海萍

**编辑部主任**　霍　福

**编　　　辑**　马成俊　米海萍　文忠祥　唐仲山
　　　　　　　鄂崇荣　蒲生华　刘永红　李言统
　　　　　　　贺喜焱　胡　芳

**本期执行编辑**　霍　福

# 《中国民俗学集刊》发刊词

经过一年多的准备，《中国民俗学集刊》终于面世了。

伴随着夏季的到来，繁花似锦，百花争艳，这正如当下学术事业的繁荣状况。而对青藏高原来说，恰是仲春时节，柳丝吐绿，嫩芽泛青，充满生机却又不免稚嫩。正如这份集刊，虽然经过漫长的冬藏与春萌，但显然还不成熟，还有待阳光雨露的滋润和园丁的培育，它需要慢慢地茁壮成长起来。

中国民俗学经历百年的坎坷曲折发展，已经成长为一门显学，在国家民族的文化发展中凸显出不可或缺的功能。尤其是其天然的眼光向下、关注民间的学术价值取向，使民俗学更贴近人民生活、更关注社会基层、更接民族地气，我们在神州大地的每一寸土地上耕耘着、互动着、传承着、升华着。正可谓只要有人的地方就有民俗文化，同时也就有民俗学者的身影和声音，并由此形成博大精深的中国民俗学和丰富多彩且又各具特色的地方民俗学。但是与如此繁荣的学术茂林和如此广泛的学术群体不相匹配的是，民俗学的学术刊物却显得颇为稀少。学术阵地和交流平台的不足，在一定程度上也制约了民俗学学科的繁荣发展。借用一个网络词语，就是《中国民俗学集刊》想"弱弱地"弥补一下学术阵地的不足。

我们的设想是，民俗学集刊虽然由青海省民俗学会主办，但集刊编辑工作是在中国民俗学会的指导下开展的。本刊试图形成自身的办刊特色，一是着眼于民俗文化在国家民族以及地方文化建设战略中的价值，二是凸显西部民族民俗文化研究，在国际国内民俗学的大语境中观照地方民俗学的建设，为中国民俗学学术事业的发展繁荣尽绵薄之力。

小荷才露，小溪初流，其成长为风景、汇入到江河，尚需时日，但我们诚恳期待民俗学以及相近相关学科的同人予以关注帮扶，多批评、多赐稿。

**中国民俗学集刊** 2014年第1期

昆仑文化研究专号（上）

# 目　录
## CONTENTS

《中国民俗学集刊》发刊词 …………………………… 赵宗福 / 1

## 民俗学与国家战略

大文化视野中的昆仑文化研究与文化建设 ……………… 赵宗福 / 3

## 民俗文化研究

从实际地理到神话想象空间的"昆仑" …………………… 刘惠萍 / 39
《楚辞·离骚》"飞天"、"求女"母题析探
　　——兼论昆仑神话的意义 …………………………… 鲁瑞菁 / 67
《山海经·海经》中三座不同的昆仑 ……………………… 吴晓东 / 115
论《山海经》中昆仑的实义所指
　　——兼议与其相关的物类事象 ……………………… 黄　刚 / 128
庄子与昆仑神话 …………………………………………… 齐　昀 / 142
书艺融入昆仑文化产业
　　——以台湾书艺活化为例 …………………………… 李秀华 / 159

《中国民俗学集刊》征稿启事 …………………………… 本刊编辑部 / 178

# 民俗学与国家战略

# 大文化视野中的昆仑文化研究与文化建设

赵宗福[*]

**摘　要：** 昆仑文化的主要源头是昆仑神话，而昆仑神话是我国古典神话中内容最丰富、保存最完整、影响最深远的神话体系。作为中华早期文明的曙光，昆仑神话是中国古典神话的主体部分，是中华民族在创世文化方面傲视群雄、自立于世界民族之林的重要文化基础。昆仑自古以来就是中华民族精神的象征，是中华民族的文脉之根、灵魂之乡和精神家园。通过多学科、多角度深度挖掘和研究昆仑文化的内涵与外延，可以从国际国内文化语境上来提升和扩大青海文化的地位和影响，增强青海文化的软实力。从而，以"以昆仑文化为源头的青海多民族文化"这一标志性文化来定位青海特色文化，既可兼顾与中华文化的同源性，还可考虑到青海地域文化多样性，既具有世界眼光，还能观照现实。故此，昆仑文化的研究与当代文化建设存在密不可分的关系。

**关键词：** 昆仑神话　昆仑文化　中华文明　文化建设

昆仑文化是近年来由民俗学和民间文艺学界策划推动兴起的一种地方文化现象，在海内外产生了较大影响，尤其是在地方文化发展战略中发挥了重大作用。作为一个有广泛影响和有现实功能的学术活动个案，其中的得失是值得关注的。本文即从民俗学角度对昆仑文化与

---

[*] 赵宗福，青海社会科学院院长、教授、博士，研究方向为神话学、民俗文化学。

青海地方文化建设的关系进行回顾，进而对民俗学与国家文化发展做一些思考。

## 一　海内外对昆仑神话的研究

昆仑文化的主要源头是昆仑神话，而昆仑神话是我国古典神话中内容最丰富、保存最完整、影响最深远的神话体系。一个世纪以来众多学者从中国神话学发轫至今，运用人类学、民族学以及民俗学的理论，结合中国传统文字学、音韵学、训诂学以及田野调查方法，还有叶舒宪等提倡的"四重证据法"等，对之进行了不懈探索。蒋智由的《中国人种考》一书从人种学视角提出"西王母，今为东西各国研究支那学者，热心考察之一问题。盖以西王母为窥测中国古史，与外域交通之一要件"观点，引用《山海经》等文献论证"昆仑山就是喜马拉雅山""西王母是黄种的氏族"等，对史家考证华夏族的起源，一直有较大影响，此书成为现代研究昆仑神话的拓荒之作，对昆仑神话体系的建立和华夏族起源研究产生了影响。夏曾佑《中国历史教科书》开篇述神话内容，认为"中国自黄帝以上，包牺、女娲、神农、诸帝，其之形貌，事业，年兽，皆在半人半神之间，皆神话也"。该书具备基本的神话观。此后，刘师培、鲁迅、茅盾、钟敬文、吕思勉、吴晗、方诗铭、朱芳圃、丁山、卫聚贤、苏雪林、程发轫、凌纯声、顾颉刚、杜而未、徐高阮、袁珂、任乃强等学者从文学、历史学、民族学、宗教学和神话学等学科，对昆仑神话进行了关注研究和相关文献整理，成果颇多。鲁迅《中国小说史略》从中国文学史源起探讨原始神话、初民精神和昆仑神话、西王母神话等话题，将神话定为文学之源。茅盾《中国神话研究 ABC》具有拓荒性意义，首次提出了昆仑神话中西王母神话演化的三阶段观点，并论述了神话演化的历史文化原因。闻一多《伏羲考》站在人类文化发展史的高度以文化人类学理论为指导，灵活结合中国传统小学考证方法，对女娲、伏羲神话的起源发展和演变并对其相关文化作了广泛深刻的研究。通过分析这两位创世大神和龙蛇的渊源关系，该书探讨了昆仑神话对于早期中华文明形成和发展所起的关键作用。程憬的《古代神话中的天、地及昆仑》《山海经考》《西王母传说的演变》、《山海经中的神话人物》等论文颇有分量，提出了中国有系统神话的观点，并对中国神话尤其是昆仑神话进行"全貌素描"式专门研究，从巫药、巫术、祭祀礼和神话四方面论证了《山海经》是古代巫觋宝典的观点，形成了独特的神话理论和研究个性。之后，钟敬文《山海经神话研究的讨论及其他》研究系列论文、辰伯《西王母与西戎——西王母与昆仑山之一》、郑德坤《山海经及其神话》、吕思勉《昆仑考》和《西王母考》、凌纯声《山海经新论》、王以中《山海经图与外国图》、丁山《论炎帝大岳与昆仑山》等，从神话研究层面关注了神话与边疆问题以及中华民族认同感；丁山、卫聚贤、苏雪林、程发轫、杜而未、徐高阮、凌纯声等学者对昆仑神话从不同角度进行研究，其所提出的论点归纳成为昆仑"七说"，使昆仑神话的整体研究趋于丰富和充实。

顾颉刚是中国史学"古史辨派"的开创者，由于古史与神话之间存在难分难解的关系，"古史即神话"是该学派信奉的原则，所以该学派在古史"辨伪"的学术探索和争论之下阐明其神话理论及其研究方法，并率先系统完整地建构了昆仑神话理论体系。顾颉刚所撰写的《从古籍中探索我国的西部民族——羌族》一文提出："中华民族的人文始祖炎黄首先是羌人的祖先，然后才是华夏族的祖先"，"不仅以炎帝为宗神的古代羌人生活在今青海祁连山南北河湟之地，而且青、甘、陕、川一带，主要是炎黄部落联盟活动，成为华夏民族的发祥地"①，在昆仑神话研究方面的代表作有《昆仑传说和羌戎文化》《穆天子传及其著作时代》《禹贡中的昆仑》《昆仑和河源的实定》等，《庄子、楚辞中昆仑和蓬莱两个神话系统的融合》一文提出，在中国古代流传下来的神话中，有两个重要的系统：一个是发源于西部的昆仑神话系统；另一个是受昆仑神话影响而形成于东部沿海地区的蓬莱神话系统。古史辨派神话学家以"层累"和"演变"理论结合传统考据辨伪的方法，不仅是中国现代民间文艺学史上神话研究的首创，而且对昆仑神话研究贡献颇大。

袁珂是中国大陆一直坚持神话研究并取得丰硕成果的老一辈学者，《中国古代神话》和《中国神话史》等是其代表作。袁珂尤其对《山海经》作了独到研究，《山海经校注》对1181年以来的16种版本及各家注释仔细比较鉴别，第一次从神话的角度给予系统解释。他的学术思想主要概括为中华多民族整体神话观，主要内容是"广义神话论"，即古籍记载与民族传闻并重、少数民族神话和汉民族神话同步。

这里值得一提的是台湾和香港地区神话学界基于对昆仑文化的扎实研究而形成的一批重要论著，有卫聚贤《封神榜故事探源》、芮逸夫《中国民族及其文化论稿》、苏雪林《昆仑之谜》和《屈赋之谜》等。1960年之后杜而未的《山海经的神话系统》《昆仑文化与不死观念》和《中国古代宗教研究》等相继问世，主要集中在创世神话研究、古帝系神话研究、虚拟动物神话研究、易经研究、古代宗教研究等方面，从月亮崇拜模式对昆仑神话进行了阐释。杜而未第一个提出"昆仑文化"学术命题，认为"文化越古老雄厚越需要解释"，"昆仑

---

① 顾颉刚：《从古籍中探索我国西部的民族——羌族》，《社会科学战线》1980年第1期。

文化是昆仑神话连带出来的人生哲学"①。尽管他并没有从文化学理论对"昆仑文化"概念作进一步学理性阐释，而且仅仅局限于对《山海经》等文献的梳理，但提出这个命题并研究昆仑神话的主要内容及其意义，当属开创性论说。王孝廉的《中国的神话世界——各族的创世神话及信仰》（大陆作家出版社出版时只出版下册并题为《中国的神话世界》）多次修订出版，主要是对中原各部族的神话与信仰研究、对东北西南族群的创世神话的梳理，并尝试对中华各民族神话作整体性、历史性的研究。其所发表的《绝地天通神话——昆仑神话主题解说》一文，提出了昆仑神话源于古代羌族的圣岳信仰的看法。此外，李亦园、李丰懋、朱传誉、杨希枚、谭达先、陈炳良等关涉昆仑文化的研究成果也很显著。这些论著的发表和积累的学术观点，大大拓展了昆仑文化研究的领域和思路。

而凌纯声《昆仑丘与西王母》②一文，对学界的"昆仑七说"进行了梳理。（1）丁山《论炎帝太岳与昆仑山》一文认为昆仑神话源自须弥山。（2）卫聚贤《昆仑与陆浑》一文认为昆仑山就是今天新疆与青海的昆仑山脉。（3）苏雪林《昆仑之谜》一文认为昆仑是指两河流域之帝都。（4）程发轫《昆仑之谜读后感》认为昆仑一词出于西域，有崇高与玄色二义。（5）杜而未《昆仑文化与不死观念》著作认为《山海经》中的昆仑是月山。（6）徐高阮《昆仑丘和禹神话》一文认为古籍所载昆仑丘（墟）应为古代两河流域各城通有的多层庙塔。而凌纯声自己认为源于两河的昆仑，在中国则称为坛墠，又可名曰封禅文化。

改革开放以来，一些学者如刘魁立、连树声、萧兵、叶舒宪、董

---

① 杜而未：《昆仑文化与不死观念·序》，学生书局，1977，第1页。
② 凌纯声：《中国边疆民族与环太平洋文化》（下册），台湾联经出版事业公司，1979，第1569~1606页。

晓萍、何新、邓启耀、陶思炎、杨利慧等分别对神话原型理论、精神分析理论、结构主义理论、表演理论进行分析，或对美国学者阿兰·邓迪斯、欧达伟、萨姆纳、鲍曼等人的著作进行了翻译、介绍或运用。特别是叶舒宪《河西走廊：西部神话与华夏源流》① 著作运用考古学成果资料，结合文献记载、田野调查和语源学资料"四重证据法"，研究视角置于河西走廊文化空间（包括今青海东部区域），探寻夏商周华夏文化源流，并以此阐明古代西部氐羌民族对中华文明所作的巨大贡献。所有这些成果对昆仑神话与昆仑文化研究有理论架构和方法论上的启示性意义。

除此而外，有关昆仑神话的文献经过学者的精心校注考证不断问世，如 2006 年西安地图出版社出版了《历代山海经文献集成》，收入晋唐明清以来注本、校订本、绘本等 18 种，堪称昆仑神话资料的集成汇编。2008~2009 年，广西师范大学出版社先后出版了由迟文杰、陆志红主编的《西王母文化研究集成》系列丛书，通过收集、整理、刊布古代关于西王母的文献记载、考古资料、文物图片等，系统介绍了迄今国内外学术界关于西王母的研究成果。自 20 世纪 80 年代以来"三套集成"和"十套集成"的有关文本化的口头文献，也为昆仑文化的研究积淀了厚重的资料。

与此同时，台湾学界与大陆学界来往密切，在昆仑文化的研究与交流方面也表现出空前的热情，王秋桂、曾永义、鹿忆鹿、钟宗宪、高莉芬、刘惠萍、郑灿山、彭衍伦、唐蕙韵等一大批学者先后多次到青海、甘肃、新疆等西北地区考察和研讨，发表了一批高质量论著。尤其是高莉芬致力于昆仑神话的研究和热心于昆仑文化的演讲，在台湾学界对昆仑文化的认同方面发挥了重要作用。

---

① 叶舒宪：《河西走廊：西部神话与华夏源流》，云南教育出版社，2008。

国际学术界对昆仑神话也早有关注,并取得了诸多成绩,如法国学者于 1836 年发表了最早的有关中国神话的文章,并且最早翻译了《山海经》。E. Burnof 在 1875 年翻译了《山海经》的《西山经》,L. deRosny 在 1889 年发表了《山海经》的部分译文。俄罗斯学者齐奥杰维斯基(S. M. Georgievskij)于 1892 年在圣彼得堡出版了《中国人的神话观与神话》[①]一书,首次对中国古代神话作了分类,详细分析了古代中国人对于宇宙形成的观念、宇宙神话、古代帝王神奇诞生的传说。该书认为古代中国人有了星空明显倾斜的观念后,才会出现共工与祝融交战,共工不胜而怒触不周山,天柱折断东南倾斜的神话;还认为伏羲、神农、黄帝、帝喾、尧、舜、大禹等帝王形象是在神话概念的基础上形成于民间的神话形象,后来被孔子加以利用,塑造成"指导中国未来的生活"的理想人物。李福清(B. Riftin)在 1979 年出版的《从神话到章回小说:中国文学中人物肖像的演变》,主要根据中国古文献即古代石像中所载有关神话人物的奇异肖像,力图重建上古神话概念,以揭示神话形象中从兽形到人兽共体直至全部人形化的过程。李福清还将世界各地学者研究中国神话的成果辑录成《中国各民族神话研究外文论著目录——1839~1990(包括跨境民族神话)》出版[②],较为系统地整理了自 19 世纪以来国外神话学者用俄、英、法、德等 15 种语言发表的中国神话研究成果,为研究昆仑神话提供了重要的基础文献。

日本学者研究昆仑神话颇有见地和成果,早在 1904 年,高木敏雄出版的《比较神话学》一书是东方汉文化圈中涉及中国神话研究

---

① S. M. 齐奥杰维斯基(S. M. Georgievski):《中国人的神话观与神话》,于 1892 年在圣彼得堡出版。参见马昌仪《中国神话学发展的一个轮廓——〈中国神话学文论选萃〉序言》,《民间文学论坛》1992 年第 6 期。
② 〔俄〕李福清:《中国各民族神话研究外文论著目录——1839~1990(包括跨境民族神话)》,北京图书馆出版社,2007。

的第一部著作。白鸟库吉分别在1909年和1912年发表了《支那古神话的研究》和《〈尚书〉的高等批判》，成为日本研究中国古神话的奠基人。加藤常贤、贝冢茂树、池田末利、御手洗胜、白川静、森安太郎等，在研究中国神话方法上，都曾经是或一直是以中国古文献文字考证而见长的学者，从文字的原初音义的解明去构建中国神话的秩序。他们相继发表中国神话研究的专著，形成中国本土之外最丰厚的亚洲神话学传统。御手洗胜的《古代中国昆仑思想的展开》、《昆仑传承与永劫回归》等著作，对昆仑的思想传承做了较多的考证，至今仍有相当的影响力。从20世纪70年代至80年代伊藤清司等人从人物、咒术、山岳神祭祀、民间医疗等多角度对《山海经》进行了研究。近二十年来，白川静等学者侧重于上古祭仪研究，认为古代铭文反映了一部分祭仪的情况，提出禹属夏系神话，共工为姜姓部族的神，属于藏系的羌人，女娲、伏羲则属于所谓屈家岭文化等观点。日本神话学家吉田敦彦的《神话考古学》《绳文土偶的神话学》等论著突破了传统的文本化的神话观念，将神像、陶器图像及纹饰、玉石器造型等实物与民族志资料相结合，深入解读了其中蕴含的文化信息。铁井庆纪的《中国神话的文化人类学的研究》一书，收录了《昆仑传说试论》《道家思想乐园思想》等论文，另有小南一郎的《西王母与七夕传说》、松田稔的《山海经之比较研究》、下斗米晟的《西王母研究》、枥尾武的《精卫传说资料汇编》等论著和资料。

  法国汉学家H. Maspero的《书经中的神话传说》（1924年）和《上古中国史》（1927年，1959年），M. Granet的《中国古代的祭礼和歌谣》（1919年）和《古代中国的舞蹈和传说》（1926年）等著述都涉及中国神话的问题，二者分别从历史学和社会学的角度切入，在汉学界有较大的反响。20世纪西欧汉学家如英国汉学家H. Giles、德国汉学家 A. Forke、法国汉学大师 P. Pelliot 对西王母形象的起源进行了专门讨论。

## 二　青海对昆仑神话与昆仑文化的研究

由于昆仑山主峰在青海以及历史上对青海昆仑西王母的普遍认同，青海地方学界对昆仑神话尤其关注。李文实、赵宗福、汤惠生、崔永红、米海萍、鄂崇荣、李措吉、刘永红、王伟章等一批青海本土学者对昆仑神话的研究不遗余力。李文实认为"西王母神话来源于昆仑之丘，而这昆仑之丘，其地就在今青海地区。而这块地区，则是古氐羌生息活动的主要所在"①。与此同时，汤惠生《神话中之昆仑山考述——昆仑山神话与萨满教宇宙观》一文通过对昆仑山神话和萨满教宇宙观的比较以及对"昆仑"二字的训诂学考察，认为"昆仑"乃古代匈奴语"天"之谓，古代信奉萨满教的民族和部落都可以拥有自己联系天地的宇宙山，考虑到文化传播的特性，故提出"昆仑山就是宇宙山"的概念。② 此外，卢耀光、朱世奎等学者从考古学、地方文化等角度，阐述西王母的主要活动区域在青海及其与羌戎民族的关系。

青海地方学界进而提出了"昆仑文化"的概念并进行研究。20世纪 90 年代初期，笔者就在《青海远古文化与中华文化的关系》等论文中提出"昆仑文化"（当时还没有接触到杜而未的著作），后来在《青海史纲》中把昆仑神话作为青海远古文化源头进行了专节描述，但这些并没有马上引起学者关注。之后由于在一些学术会议上的

---

① 李文实：《西王母通考》，《江河源文化研究》1995 年第 1 期。
② 汤惠生：《神话中之昆仑山考述》，《中国社会科学》1996 年第 5 期。

呼吁和一批学术论文的发表①,"昆仑文化"的概念逐渐被地方学界接受。进入21世纪,笔者的《昆仑神话》一书运用神话学、民俗学和文化人类学的理论方法,结合古文字学、考古学、民族志等材料,第一次对昆仑神话做了系统的梳理和科学的评价,勾勒出了一个完整的昆仑神话体系和学术架构。提出昆仑神话是中国古典神话的主体,并就神话昆仑山的风貌、主要传说故事及其文化意象、西王母信仰的历史流变、昆仑神话与青海的文化关系、昆仑神话的传播等做出了诸多新颖可信的诠释,被学术文化界普遍采纳。而《论"虎齿豹尾"的西王母》《论昆仑神话与昆仑文化》等论文,认为"河源"就是昆仑山地理所在的标志。从我国古籍中"河出昆仑"的反复记载和历代对河源昆仑的寻求,表明国人千百年来有一个共识,那就是昆仑山在黄河源头地域,也就是今天的以三江源为中心的青海高原地区。其西王母的原型就是远古以青海湖为中心地带的原始部落酋长兼大女巫。这些观点被学界广泛认同和采纳。

但是,我们研究昆仑文化的视野并不拘囿于某一行政区域,而是把它放置在整个中华文化的环境中予以考量,这也许正是我们不同于很多"地方文化中心主义"绝对论者的特点之一。概而要之,我们的主要观点有以下几种。

其一,昆仑神话是中华文明的重要源头之一。从现存的古籍文献看,昆仑神话的形态最朴野、最原始,故事系统最完整、最丰富,资料保存最多,她是中华民族在童年时期的以神格信仰为核心的综合体创作,是中华民族最初的世界观、社会观、价值观的整体反映,因此

---

① 在20世纪90年代,笔者在《民间文学论坛》《北京师范大学学报》《西北民族研究》等学术杂志曾陆续发表《中国月亮神话演化新解》《冈仁波钦与昆仑神话》《论"虎齿豹尾"的西王母》《河源神话之谜破译》《西王母的神格功能》等系列论文,并于1997年获得青海省人文社会科学优秀成果二等奖。

昆仑神话在一定意义上就是中华民族早期的昆仑文化。她与中华文明的产生发展密切相关。

其二，神话昆仑山是中华民族的发祥地和祖居地。"赫赫我祖，来自昆仑。"文献上反复出现的这句话正反映了中华民族对民族起源的文化记忆和历史强调。而"河源昆仑"是中国人千万年不变的文化情结，从屈原对昆仑山的向往到汉晋以来几十次对黄河源头和昆仑山的探索追寻，正是反映了这一文化心理。黄河是中华民族的母亲河，昆仑山是母亲河的源头。

其三，西王母是昆仑神话中的女主神，历史上影响巨大，在不同层次、不同领域以不同形式演变，如在神话、历史传说、国家祭祀、道家与道教、明清民间秘密宗教、民间信仰中各有不同，但产生着深远的影响，至今被民间称为"王母娘娘"，被台湾新兴宗教称为"瑶池金母"。但在最初，其原型是青藏高原上的羌人部落大首领兼大女巫，故有"西王母国"、"西王母之邦"。以此推之，昆仑神话发祥地在以青海高原为中心的西部地区。

其四，昆仑山作为昆仑神话和昆仑文化的标志性地理圣山，历史上有一个发展互动的文化过程。神话昆仑是原始先民根据现实地理想象出来的神圣大山，而现实的昆仑山又是神话昆仑的神圣延续，二者具有密不可分的关系，既不可混为一谈，也不能截然割裂。昆仑山的神话世界是在文化史上逐渐丰富起来的。

其五，昆仑神话与西南地区民族及其他地区民族关系密切。从目前掌握的可靠资料来看，西南地区有近20个民族来源于青海高原，都与昆仑文化和古羌文化有着密切的关系，至今在他们的口传记忆和民俗文化中仍然保存着大量昆仑文化的元素，且与汉文献中的昆仑神话及其民族文化的历史记录可以相互印证。同时与西北历史上的一些民族如月氏、西夏党项、吐蕃（藏族）等具有源流关系。有学者研究，我国至少有三分之二的民族与昆仑文化有密切的关系。因此，昆仑文化是我国多民族共同传承享用的精神财富，对于促进多民族对祖国大家庭共同的文化认知具有重要意义。

其六，昆仑神话不仅影响了中华民族，而且进一步辐射到周边国家，深深地影响了日本、韩国、越南、马来西亚、新加坡等国家的文化，如海外亦有昆仑、西王母神灵，以及圣山信仰，等等。同时随着华人向世界的流徙，昆仑文化意象走向世界。因此，昆仑文化具有世界影响力，堪与希腊神话中的奥林匹斯山相媲美。

其七，昆仑神话作为中华文明的重要源头之一，对中国文化的发展产生了深远的影响，大者如对中华天文、地理、人文的影响，小者如对宗教信仰、天文地理观念、文学艺术、社会制度、民俗习惯等的影响，昆仑文化弥散在中国文化的方方面面。我们"总是处在传统的掌心之中"（希尔斯语），但又往往不知所以然。今天对之进行细致的梳理，对于正确认知民族的历史文化很有意义。

其八，昆仑文化在当代还发挥着重要的文化功能，尤其是和谐大爱、无私奉献、勇于担当、敢于拼搏、锐意探索、不断创新的精神，不仅激励着各族人民团结进步共建小康，而且与当代主流精神相吻合。昆仑文化是增强文化软实力、辐射力、影响力的着力点，也是实现中华文化复兴中不可或缺的传统资源。

其九，昆仑文化在当代地域文化建设中发挥着积极的作用，在有些地方还有着不可替代的功能。从近年来青海、新疆、甘肃等省区的文化建设成效来看，昆仑（西王母）文化几乎成为金色品牌，特别是青海省把昆仑文化定位为地域标志性文化，开展丰富的文化活动，在地域文化大发展大繁荣、促进文化产业发展中产生了很好的影响，值得关注借鉴。

其十，昆仑神话与昆仑文化是中国传统文化中具有重大价值的文化现象，所以自古以来受到学术界、文化界的重视，一大批名家研究昆仑神话，诸说纷纭，成果累累，但是还没有提升到昆仑文化的层面上予以研究，也缺乏学术史的系统梳理和有效运用。在弘扬优秀传统文化、实现中华民族文化复兴的当代，学者应对此予以重点关注。

## 三　昆仑神话与昆仑文化研究的重点评价

近百年来的昆仑神话与昆仑文化研究，为我们积累了丰富的文献资料，提供了多角度、多层次的视角，一些学者的观点和研究方法为我们系统研究昆仑文化与中华文明的关系提供了理论指导和方法手段。其中以下几个方面是值得注意的。

其一，茅盾西王母神话演化"三阶段"观点的提出。茅盾的《中国神话研究 ABC》第一次提出了西王母神话演化"三阶段"看法。他认为第一个阶段是《山海经》，第二个阶段是《穆天子传》，第三个阶段是《汉武故事》，由半人半兽的怪异之神蜕变为女王，再成为雍容王母，论证了西王母形象由野到文、由简到繁的神话演进，并认为西王母是古代西域一带以虎、豹为图腾的女酋长的形象。所谓三青鸟，说明凶禽猛兽相伴，还处于啖食充饥的原始狩猎阶段。西王母怪异可怕的形貌，正是当时人与动物不分、人与神不分观念的反映，虽然不合理，却在很大程度上保留了原始神话的本貌。人们认为昆仑是帝之下都，居住着西王母、陆吾、开明兽、猛兽、怪鸟、奇树等众神，"大概中国神话里的昆仑的最初观念……正好代表了北方民族的严肃的现实的气味"[①]；而昆仑神话传到南方民族，便在《离骚》里被塑造成"昆仑玄圃"。茅盾按照人类学派的观点考察神话，并强

---

① 茅盾：《中国神话研究初探》，上海古籍出版社，2005，第 50 页。

调神话是文学的源头并重视其艺术价值，通过神话对《楚辞》的影响，论证神话在中国文学史发展中的重要地位。关涉昆仑神话的内容和深层结构，从中华文学艺术之起源分析昆仑文化所产生的影响和主要贡献，还是大有文章可做的。

其二，袁珂对神话的定义和神话"广义论"观点的提出。袁珂早年有关昆仑神话的研究有《山海经里的诸神》等文章，专著《中国古代神话》一书先后在20世纪五六十年代刊印了7次之多，该书将神话梳理与研究相结合，在古代神话文献的整理和考释上，都具有重要的意义。学术代表作《山海经校释》，以郭璞《山海经注》为基础，对《山海经》进行全面校勘，恢复其原始面貌，为文化人类学、宗教学等研究昆仑文化提供了可靠的文本。他的《中国神话传说辞典》、《中国神话资料萃编》，为神话研究者及普通的神话爱好者研究和学习中国古代神话提供了一把钥匙。袁珂的专著《中国神话史》堪称中国第一部神话史，对中国神话从上古迄明清的神话材料作了纵贯系统论述，透彻分析了中国神话发展演变的轨迹，并体现和实践了广义神话观的理论，认为在中国历史的各个阶段都有新的神话产生，新神话又随着社会发展而不停地演变。尽管他没有明言说研究昆仑神话，但用了很大篇幅论述昆仑神话及昆仑神话传播于后世的影响，认为西王母在《大荒西经》的形象是男性，到了《海内北经》才初步女性化和王者化，秦汉之际西王母是国名（部落名），由野蛮而文明是不可抗拒的演化规律。源于古羌先民的昆仑文化对古今少数民族文化影响深远，在古代的大月氏、匈奴等古老民族中，都有西王母和昆仑山的文化记忆和文化事象；含有昆仑文化元素的创世神话、盘瓠神话、伏羲兄妹结婚神话、始祖诞生神话等至今保存在西南许多少数民族的口头传承中，这些在袁珂的《中国神话史》中多有论述，具有开拓昆仑文化研究思路的启示意义。

其三，顾颉刚关于"昆仑神话系统"的理论建构。《庄子、楚辞中昆仑和蓬莱两个神话系统的融合》①一文提出，昆仑的神话发源于西部高原地区，它那神奇瑰丽的故事，流传到东方以后，又跟苍莽幽冥的大海这一自然条件结合起来，在燕、吴、齐、越沿海地区形成蓬莱神话系统。此后，这两个神话系统又在各处流传中发展。到了战国中后期，在新的历史条件下又被结合起来，形成一个新的统一的神话世界。并指出昆仑神话的传播路径，一是由于秦国向西拓展疆域与羌戎的接触日益密切，从而流传了进来；二是由于当时的楚国疆域，已发展到古代盛产黄金的四川丽水地区，和羌戎的接触也很频繁，并在云南的楚雄、四川的荥经先后设置官吏，经管黄金的开采和东运，因而昆仑的神话也随着黄金不断运往郢都而在楚国广泛传播。顾颉刚认为昆仑是一个有特殊地位的神话中心，很多古代的神话，如夸父逐日、共工触不周山及振滔洪水、禹杀相柳及布土、黄帝食玉投玉、稷与叔均作耕、魃除蚩尤、鼓与钦䲹杀葆江、烛龙烛九阴、建木与若木、恒山与有穷鬼、羿杀凿齿与窫窳、巫彭等活窫窳、西王母与三青鸟、姮娥窃药、黄帝娶嫘祖、窜三苗于三危等故事，都来源于昆仑。有了这样的神山和中心，才能形成独特的神话世界，称得上完整的神话。他第一次从理论上建构了完整的昆仑神话体系。

其四，杜而未"昆仑文化"命题提出的学术史意义。"昆仑文化"一词是台湾学者杜而未率先在1960年左右提出的，其《昆仑文化与不死观念》正式出版于1977年。杜而未在该书中提出"昆仑文化是昆仑神话连带出来的人生哲学，当然，先当说明昆仑神话本身的原意，然后才可以谈属于昆仑的文化"②的概念。他从宗教学视角论

---

① 参见《中华文史论丛》1979年第2辑。
② 杜而未：《昆仑文化与不死观念·序》，学生书局，1977，第1页。

证昆仑是仙山,昆仑、仙、道都和月亮神话相关,昆仑神话中的不死观念也和月亮神话相关,且昆仑文化与不死观念是在月神宗教中发展起来的,举凡与月山、仙山、修仙相关者,都可归于昆仑文化,为"月亮崇拜一元论"鼓吹者。为此杜而未依据《山海经》等文献,从字义、状貌等入手解析昆仑神话意义的同时,认为《山海经》等所载均为月山神话系统,从月亮神话中反映了古代民众追求理想,追求美满生活、美满社会,并和神灵取得联系希冀康乐长寿的心理;他又认为研究古代宗教离不开神话,于是从仙道文化观论述仙山、仙者与历代人们之仙意、不死观念,强调不死观念是一种人生观,和昆仑文化密不可分。尽管杜而未的有些提法在当时的台湾学界遭到非议,在大陆学界的影响力也不是很大,甚至不被人们所知,但是他提出的"昆仑文化"概念有首创之功。

其五,神话学与其他学科相结合的方法论。这方面的成果很多,仅以吕振羽的《史前期中国社会研究》[①]为例,该书在20世纪30年代初即已出版,书中将文献材料、古史传说与史前考古发现相结合,探讨史前时期历史面貌。值得注意的是,作者试图将考古学新石器时代的史前文明与中国古史传说对应起来研究,从而使带有神话色彩的古史传说,在纳入考古学意义上的历史范畴的同时,依据这样的史学观和研究方法,对古代神话传说中的洪水内容、尧舜禹的事迹以及图腾崇拜等问题,给予历史学意义上的界定。这样的研究成果,严格说来属于历史学范畴,但此种研究思路和研究方法,仍然给昆仑文化和昆仑神话的研究以启发,其学术上的意义和价值不能低估。

昆仑文化的研究离不开古文献,运用文献学和考据学的理论与方法,追溯昆仑神话文本的演变,是分析视角和手段之一,但综合运用

---

① 最初由北平人文书店在1934年出版。

多学科资料，从多种视角进行昆仑文化的研究，无疑是方法论的提高和更好的选择。叶舒宪提出的"四重证据法"，就是在方法论上的新进展，如《鲧禹启化熊神话通释——四重证据法的立体释古方法》等系列论文，着重说明"四重证据法"的具体内容：一是传世文献；二是地下出土的文字材料；三是民俗学、民族学所提供的相关参考材料，包括口头的神话传说、活态的民俗礼仪、祭祀象征等；四是专指考古发掘或传世的远古实物及图像。结合此四种证据，可帮助神话研究者乃至古史研究者走出文字研究的老路，并借助文化人类学的宏阔视野和跨学科的知识谱系，"获得多方参照和交叉透视的'打通'效果，使得传世古文献中误解的和无解的难题获得重新审视的新契机"[①]。这一方法的提出和具体运用，既是中国神话学在21世纪初期所取得的显著成果之一，也是在昆仑文化研究的实践中得以运用的重要利器。

国际神话学权威罗伯特·西格尔（Robert A. Segal）在1996年主编出版的六大卷《神话理论》（*Theories of Myth*），文学方面的神话学研究只占六卷书中的一卷而已，即不到神话学研究全貌的百分之二十。而百分之八十以上的内容都是从哲学、史学、考古学、宗教学、心理学、人类学等学科视角对神话进行研究。这为我们如何运用多学科进行神话研究提供了广阔的视野和多种方法。研究昆仑文化与中华文明，我们必须广泛汲取人文学科的各种前沿知识，不断拓展研究的疆域。

其六，赵宗福关于"昆仑文化"及昆仑神话基本概念、内涵价值梳理和概括的论证。其系列学术论文和专著《昆仑神话》等，运

---

① 杨利慧：《21世纪以来的中外神话学》，杨利慧"民俗学博客"（http://www.chinesefolklore.org.cn/blog/? uid-463-action-viewspace-itemid-34，405）。

用神话学、民俗学和文化人类学的理论方法,结合古文字学、考古学、民族志等材料,相互参考、相互佐证对"昆仑"及昆仑神话的基本概念、内涵价值作了较为系统的梳理和概括,认为昆仑神话是中华早期文明的曙光,是中国古典神话的主体部分。昆仑自古以来就是中华民族精神的象征。昆仑山既是万山之宗、河岳之根,也是中华文明的发祥地之一。赵宗福因此鲜明地提出,昆仑山是孕育中华文明的最初源泉,认为黄河是中华民族的母亲河,孕育了博大精深的中华文明,而黄河的源头就在昆仑山。他还从昆仑山的内部结构、风物与外围世界等方面对神话昆仑山的基本风貌进行了系统的梳理,认为昆仑山具体形胜是逐渐丰富起来的,其具有丰富的神物异景,是先民的理想乐园,被视为沟通天地的通道。赵宗福认为,华夏民族千百年来一直围绕着黄河源头来探求昆仑山,"河源"是昆仑山地理所在的标志,寻求"河源昆仑"是中国人不可磨灭的精神情结。提出神话昆仑是现实地理的折射表述,现实昆仑是神话昆仑的神圣延续,二者结合起来看才是完整准确的。赵宗福还通过对汉藏文献、蒙藏民族民间传说的论证比较,认为西王母的神话传说原型很可能就是远古时期率部游牧于青海湖地区的羌人女首领兼大女巫。他还运用大量的民族志和民俗学田野调查资料作为旁证,证明西王母虎齿豹尾的形象与古老的青海民族文化密切相关。这些观点得到学界认同,被反复引用,甚至变成文化界的"公共语言"。

## 四 青海对昆仑文化的建设实践

青海地处青藏高原东北部,历来是多民族文化交汇碰撞之区,至今有46个民族生活工作于此,其中汉、藏、回、土(家族)、撒拉、蒙古族等6个民族是世居民族。正是由于这些民族及其文化的多元性和边缘性，青海始终无法确定一个具有全涵盖性的标志性文化。

自20世纪90年代以来，政府和学界都在不同层面上试图寻找出一个能够基本涵盖青海特色文化的标志性文化，先后提出了诸如"青藏文化"、"青海文化"、"青藏高原安多文化"、"江河源文化"、"三江源文化"、"西羌文化"、"吐谷浑文化"、"青唐文化"、"南丝绸之路文化"、"中国昆仑江河文化"、"青海三江源文化"、"昆仑江源文化"等，但始终没有达成共识。

进入21世纪后，根据国家关于建设社会主义文化强国和推动文化大发展大繁荣的形势，青海省委省政府则提出建设文化名省的发展目标。正是在这样的形势下，在省内外有识之士的支持下，青海民俗学界本着立足青海特色文化和学术文化建设积累、放眼国内国际文化大语境、着力于未来提高文化软实力的思考，毅然提出了"以昆仑文化为源头的青海多元文化的标志性文化"的主张。

关于"昆仑文化"这一概念，虽然杜而未早在20世纪60年代就已经提出，但是杜先生还仅仅局限在《山海经》中的昆仑山及其月山信仰以及文化影响中，并没有放到整个中华文化形成发展的大格局中来讨论，再加之当时以及后来几十年两岸学术的交流极其有限，大陆学界并没有接受甚至不知道"昆仑文化"一说。70年代末期，顾颉刚先生研究昆仑神话，给学界带来了诸多启发，一批地方学者因其地缘关系而尤其注意昆仑神话的研究。90年代初期，笔者在一些文章中把昆仑神话延伸为"昆仑文化"[①]，当时还仅仅属于联想性的表述，并没有上升到理论的整体思考；同时笔者也还没有机会参考杜而未的昆仑文化说，因此基本内涵上完全不同，当时所说的昆仑文化仅仅指以昆仑神话等远古文化为源头的青海及其周边地域的区域文化。

---

① 参见赵宗福《青海远古文化与中华文化的关系》，《江河源文化研究》1990年第1期。

后来随着"昆仑文化"概念的逐渐推广开来,到 2000 年,青海省文化厅等单位在格尔木举办"海峡两岸昆仑文化研讨会",标志着"昆仑文化"被青海官方文化机构认同和正式使用。

但是把昆仑文化真正作为大文化进行科学研究,进而把昆仑文化与地方文化建设结合起来的文化战略研究,其间还经过了一段沉寂的时期。虽然也出现了一些以昆仑或西王母命名的书籍文章或风物建筑,但往往陷入极端地方文化中心主义或宗教迷思之中,缺少战略思维和科学论证,不能与中华整体文化相衔接,也不能与未来文化建设相适应。当然也不否认,这样的诸多民间个人诠释和自由呈现现象在一定程度上为昆仑文化的兴起营造了氛围。

2008 年 4 月,笔者担任青海省社会科学院院长。身份的转换使笔者不得不逐渐调整研究取向,开始注重研究成果为地方社会文化建设服务的功能。笔者认为,昆仑文化是青海文化中的标志性文化,如果做好了,可以从国际国内文化语境上来提升青海文化的地位和扩大青海文化的影响,增强青海文化的软实力。尤其是青海省民俗学会成立之后,以学会为中心广泛联系相近及相关学科学者,围绕昆仑文化与民族民俗文化、地方文化建设锐意进取。为此,我们集中精力做了四个方面的学术工作。

一是严格依据学术原理和按照学术规范进行昆仑文化的研究。学术原理与学术规范,是真正的学术研究与非学术写作的区别。笔者曾经把二者称为"学院派"和"江湖派",其逻辑风格和价值取向不同,但也各有价值(尤其是在欠发达地区,江湖派不仅人多势众,而且在一定程度上主导着学术场域)。但是要拥有真正的文化软实力与文化话语权,科学研究是极为重要的途径。因此我们在学术环境还比较差的青海高原上始终坚守了科学的学术立场。笔者在 2010 年发表的《论昆仑神话与昆仑文化》一文,认为"河源"就是昆仑山地理所在的标志。我国古籍中"河出昆仑"的反复记载和历代对河源昆仑的寻求，表明国人千百年来有一个共识，那就是昆仑山在黄河源头地域，也就是今天以三江源为中心的青海高原地区。而根据《山海经》《穆天子传》和王充《论衡》中的记载以及藏族关于青海湖起源的传说，昆仑神话中的西王母国和西王母也就在以青海湖为中心的青海高原地区。这些都可以从各种神话传说遗迹、民族志与民俗志和历代文人墨客的文学作品中得到充分的印证。因此笔者进一步提出，昆仑文化是青海古今各民族文化的最佳概括，是青海的标志性文化。从文化源头看，所谓昆仑文化就是昆仑神话。从区域文化看，所谓昆仑文化就是以昆仑山为标志的青海高原各民族文化，既包括历史文化，也包括现当代文化；既包括各类精英文化，也包括各民族民间文化。昆仑文化应该是一个区域性的文化整体。昆仑文化的基本特征就是"大美青海"（神圣、神奇、神秘）。昆仑文化成为地域文化的一种符号。① 这些观点得到了青海学术界、文化界的普遍赞同。当然学会的一大批学者如鄂崇荣、米海萍、文忠祥、唐仲山、霍福、刘永红、王伟章等也发表了很多与昆仑文化有关的学术论文，共同推进了昆仑文化的学术研究。

二是搭建学术平台，把昆仑文化放置在国际文化的大语境中讨论沟通，进而赢得国际国内学术界的认同，提升区域文化的影响力。在各类学术平台中，"昆仑文化国际学术论坛"是最为重要的。在中国民俗学会的支持下，2009 年开始策划筹备论坛，在筹备过程中意外地得到了国内外学界的一致支持。尤其是在 2010 年初向青海省委常委、宣传部部长吉狄马加先生汇报筹备情况时，得到马加先生的高度肯定并给予鼎力支持。他认为只有昆仑文化放置

---

① 赵宗福：《论昆仑神话与昆仑文化》，《青海社会科学》2010 年第 4 期。

在世界文化格局中才有竞争力。他还指出,论坛规模要扩大,规格要提高,而且要连续办下去,要办成青海学术文化的品牌。正是在他的大力支持下,"昆仑文化与西王母神话国际学术论坛"(首届)在 2010 年 8 月成功举办。之后由青海省社会科学院与青海省委宣传部、中国民俗学会、青海民俗学会以及湟源县人民政府、格尔木市人民政府等部门单位,连续举办四届昆仑文化国际论坛,同时还策划举办了与地方文化相关的"土文化国际学术研讨会"、"格萨尔与世界史诗国际学术论坛"、"人文视野下的昆仑生态国际研讨会"、"中国训诂学与民族民俗文化学术研讨会"等学术会议。每次学术会议开幕式上,都有省委省政府领导出席并发表讲话。来自中国大陆、德国、美国、瑞士、日本、韩国、马来西亚、俄罗斯、印度和中国台湾、中国香港等近 30 个国家和地区的著名学者有 350 多人次先后出席论坛,共同研讨昆仑文化与地域文化、中华文化、世界文化的关系。不同国家与民族、不同学科、不同观点的学者在这里进行学术交流与沟通,达成了诸多共识。每次会议均由海内外媒体集中报道,产生了很大影响。由笔者主编、青海人民出版社出版的《昆仑文化与西王母神话论文集》(2011 年)、《昆仑神话与世界创世神话国际学术论坛论文集》(2012 年)和《昆仑神话的现实精神与探险之路国际学术论坛论文集》(2013 年)等,集中体现了目前神话、昆仑神话及西王母神话研究领域的学术水平和最新观点,为昆仑文化、昆仑神话的深入研究提供了借鉴。① 2013 年《昆仑文化与西王母神话论文集》获北方十五省(区)哲学社会科学优秀图书奖。

与此同时,我们在《青海社会科学》还开辟了《昆仑文化论坛》

---

① 赵宗福:《昆仑文化与西王母神话论文集·前言》,青海人民出版社,2011,第 1 页。

专栏,先后发表有关昆仑文化的论文 50 多篇。与此同时,通过青海民俗学会协调,中国民俗学会在湟源县设立了"中国西王母文化研究基地",在格尔木市设立了"中国昆仑文化研究基地",为昆仑文化研究创建了学术研究平台。

三是重构文化仪式,凸显昆仑文化,力争赢得全社会的参与和认同。从 2009 年起,我们帮助湟源县连续举办"昆仑文化周"和"西王母祭拜大典"活动,特别是规范祭拜仪式。除笔者外,举办方还邀请李炳海、鲍鹏山、徐正英等海内外知名学者撰写祭文,邀请海内外著名专家学者以及海峡两岸道教界负责人参加祭典,极大地丰富了仪式的内涵和提升了仪式的品位,很好地促进了昆仑文化建设。格尔木人民政府从 2012 年开始启动昆仑山祭拜大典,特别是 2013 年 8 月,由青海省对外交流协会和青海民俗学会策划协办,融进昆仑文化学术元素,提升仪式的文化品质,神圣而隆重,一举成功。几日之内,海内外百余家媒体进行连续采访报道,影响极大。与此同时,青海民俗学会为青海湖祭海仪式及神圣文化体验旅游策划编制了详尽的建设实施方案,并将其纳入昆仑文化建设的内容,在论证会上赢得省内外专家一致佳评。同时学会还为各州县策划昆仑文化建设方案,如刚察县"昆仑神祠"、格尔木市"昆仑文化研究基地"(建筑),均获得成功。

四是论证昆仑文化作为青海区域文化的标志性文化,为青海文化的定位作出努力。进入 21 世纪后,我们力主昆仑文化是青海及其周边地域的标志性文化。特别是 2000 年之后,根据文化发展形势,青海民俗学界把昆仑文化作为地方文化建设的重点进行研究和资政,先后完成《关于昆仑文化作为青海省标志性文化的思考》《关于以昆仑文化定位青海特色文化的补充说明》《打造昆仑文化品牌的历史回顾与发展思考》《昆仑文化与民族团结进步先进区建设的关系研究》①等课题的研究。对学界针对青海特色文化的各种定位提法进行了系统分析，认为"以昆仑文化为源头的青海多民族文化"这一标志性文化来定位青海特色文化，既可兼顾与中华文化的同源性，还可考虑到青海地域文化多样性；既具有世界眼光，还能观照现实。具体而言，其一是可以成为反映青海地域地貌特征的象征性标志，承载的大气魄与"大美青海"相辅相成；其二是可体现青海在中华民族文化发展史乃至世界文明交流史上的重要地位；其三是可促进青海各民族"建设中华民族共有精神家园"，增强"文化自觉"和"文化自信"，进一步树立青海精神。这些观点得到了省委省政府和社会各界的普遍认可。

在此过程中，"自下而上"和"自上而下"的昆仑文化热也在无形中有力地支撑和支持了我们的观点，如"昆仑文化研究会"、"昆仑文化研究院"的成立，昆仑玉被镶嵌在奥运会奖牌上，各类与昆仑西王母相关的地方文化设计，民间信仰活动和个体化写作宣传，等等。特别是2010年在昆仑山脚下举办的"圣殿般的雪山"昆仑山交响音乐会，由一大批海内外著名音乐家演奏，成为史上海拔最高的地方（海拔4150米）举办的交响乐演出，也是史上唯一以昆仑山为歌颂对象的交响音乐会，被列入吉尼斯纪录。2011年中央电视台播出《走遍中国——昆仑神话断想》节目，首次由国家一流媒体讲述昆仑神话。这些都产生了很大的影响，无疑为昆仑文化在青海文化中的学术定位增加了分量。

尤其是在由省委领导主持的3次小型高层论证会上，笔者代表课题组力排众议，陈述昆仑文化作为标志性文化的理由：（1）昆仑文

---

① 这些成果除个别公开发表外，大部分刊载于《青海研究报告》等内部资政平台。参与的主要成员有鄂崇荣、解占录、霍福等人。

化在青海多民族多元文化中最为古老,最具源头性;(2)昆仑文化为源头还可以统领青海多民族文化和古今各种文化;(3)昆仑文化在世界文化史上影响深远,最具国际性;(4)昆仑文化在中华文化发展史上影响巨大,最具神圣性;(5)昆仑文化在不断影响和吸收各种文化,最具包容性;(6)昆仑精神与当代青海精神一脉相承,最具传承性。因此笔者主张以"以昆仑文化为主体的青海多元一体民族文化"来定位青海的文化,其鲜明的功能和意义表现在:(1)能够提升青海在国内国际上的文化地位,提高青海在世界文化特别是国内各区域文化竞争中的文化软实力;(2)能够进而增强青海人民的文化自豪感,真正树立起青海文化精神;(3)能够实现青海人民的文化自觉,能使全社会自觉地和政府一起来维护和发展青海的文化;(4)能够增进青海各民族对中华文化和国家的认同,以及各民族之间的文化认同;(5)能够进一步促进文化和谐、社会和谐,推动社会文化的发展,促进青海的长治久安。这些观点得到了省委省政府主要领导和主管领导的肯定和支持。

在不懈的努力下,青海省委省政府在2012年全省文化发展改革大会上对青海的地域文化作出了"以昆仑文化为主体的多元一体文化"的定位,特别强调要精心打造以昆仑文化为重点的系列文化品牌。这是一次把民俗学研究成果转化提升为政府文化建设方略的有益尝试,在中国也是地方民俗学为地方文化服务的成功案例。

由此看出,近年来青海的昆仑文化研究,已经成为政府地方文化建设中不可或缺的组成部分,学术活动与地方文化建设融为一体。而且民俗文化学的学术成果在其间发挥了重要的思想引领作用,具有主体地位。事实证明,民俗文化学在地方文化建设中可以大有作为,而其前提是必须有开阔创新的文化大视野和科学可信的学术成果，以高层次的学术质量和独特开放的文化战略眼光来赢得话语权。

## 五 昆仑文化与国家民族文化建设的理论思考

在昆仑文化的发展中我们也认识到一些不足。例如，出于地方文化建设的需要，把一个应该置于整个中华文化层面进行研究的昆仑文化局限于青海这样一个行政性的地域范围内来界定研究。事实上，昆仑文化是整个中华文明的源头之一，也对中国文化产生了深远的影响，乃至对周边国家和民族文化都有着不可低估的影响，值得在更大范围内予以关注。于是笔者在青海昆仑文化研究的基础上进一步拓展开来，着眼于昆仑文化与中华文化的研究。2013年9月，国家社科基金重大项目"昆仑文化与中华文明研究"获准立项，高莉芬、刘宗迪、安德明、米海萍、鄂崇荣等一批对昆仑文化素有研究的海峡两岸学者加盟研究。2014年3月，在北京召开了该项目的开题论证会，根据专家委员会的评议和与各子课题组负责人的沟通，形成诸多共识，标志着昆仑文化的研究正式从地域文化范围扩大到了中华文化的大视野，这更符合昆仑文化博大精深的人文实际。

笔者认为，就昆仑神话的文化地位而言，它与古希腊神话并驾齐驱，分别被称为具有创世记录意义的东西方文明的源头主体文化，在世界文化史上有着重要地位。昆仑神话开创了塑造中华民族精神和人格理想的历史先河，具有系统化、体系化的讲述水平，是人类社会理性与非理性此消彼长的显著成果。昆仑文化对中华文化的发展产生着深远影响，波及天文学、政治学、军事学、建筑学、哲学、文学、道学和儒学等多学科领域。所以，昆仑文化的研究必须突破以往在昆仑文化研究中区域性的视野局限和单一学科的理论方法，综合相关学科优势，全面探索昆仑文化与中华文明以及域外文化的关系及其在中华民族文化复兴的功能，点面结合，宏观把握，进行全局性、系统性的研究。尤其是要在以下六个方面作重点研究。

一是昆仑神话与中华文明源头关系研究。昆仑文化是西部文化的代表，更是华夏文化的重要构成部分，作为古老华夏文明的源头，昆仑神话是中国乃至东方早期文明的曙光，与希腊神话并驾齐驱，分别被称为具有创世记录意义的东西方文明的源头主体文化，在世界文化史上有着重要地位，因而中华文明的繁荣光大，与昆仑神话有着直接的关联。中华元典上"河出昆仑"的记载，还有"赫赫我祖，来自昆仑"之说，足以说明昆仑为中华民族记忆中的故乡和神圣的精神家园。因此要从民俗学、神话学及文化哲学视角，探索昆仑神话的深层结构及其所呈现的宇宙观、生命观等，研究昆仑神话是中华民族集体记忆的故乡和精神家园，进而研究昆仑文化在整个中华文明形成中的重要作用及文化意义。

二是昆仑文化与中国天文、地理和人文的关系研究。昆仑是中国传统宇宙观的核心，而宇宙观的产生与古代天文学和地理学息息相关。在昆仑神话中，昆仑是宇宙中心，为众神所居之地，也是天地相通的地方，与天上的北斗星或北极星遥相呼应。因此，天文学是神话宇宙观赖以成立的经验基础。因此要重点研究：（1）综合运用上古天文学史、天文考古学、神话学等，解释昆仑神话与原始天文学之间的渊源关系，以期对昆仑神话的起源和原初内涵做出透彻而全面的解析，进一步阐明昆仑文化在中国古代宇宙乃至中国传统文化中的核心地位和神圣意义。昆仑的位置，在古代地理学中是一个经久不衰的话题，"河出昆仑"意识与历代探寻河源等人文活动分不开。（2）在对历史上关于昆仑的地理学研究的学术史梳理的基础上,就神话昆仑和地理昆仑的关系进行解析,借以对昆仑之所在这一千古聚讼的学术史问题做出中肯的阐释。(3)研究以昆仑神话为核心的昆仑文化如何深刻而持久地渗透在中国人文传统如文学艺术、宗教信仰、风俗制度等方方面面,揭示昆仑文化在中华人文传统不断发展、演变和充实的过程中所起的重要作用。

三是昆仑文化与少数民族文化互动研究。不同历史时期的文物遗迹、文献记载、口头传说及文学艺术等多种历史文化事象表明,昆仑文化作为我们民族的文化源头和精神原型,伴随着民族迁徙和文化传播,对少数民族影响极大,如在大月氏、匈奴等古代民族中就有昆仑神话、西王母的流传,匈奴人还将祁连山称为"祁连",即天山亦与昆仑含义相同。当代中国许多少数民族尤其是西南诸多少数民族如彝族、普米族、纳西族等的历史文化记忆与昆仑文化息息相关。因此要运用民族学、民俗学和文化学的理论与方法,分析追寻少数民族对昆仑文化的历史记忆与集体记忆特点,分析研究在中华多元一体格局中昆仑文化对于少数民族的深刻影响。

四是昆仑文化与域外文明的传播互动研究。自古以来中国与域外的文化交流非常频繁,随着丝绸之路的畅通、民族迁徙等,昆仑文化尤其是昆仑神话亦影响扩布于域外的西亚、东亚、南亚及欧洲,如在韩国有以昆仑山、西王母为意象的文学作品,在日本有"不死"之仙山信仰,在越南有套用昆仑神话母题情节的传说故事,在印度佛教徒将阿耨达山与昆仑山捏合于一体而崇拜,在马来西亚华人中仍旧有西王母崇拜等。因此要从文化传播学、民俗学视角,将昆仑文化在域外的流播置于中外文化交流语境中,分析昆仑文化流播域外的途径,研究昆仑文化在域外传播所产生的影响和深远的意义。

五是昆仑神话精神与中华民族精神沿袭传承研究。昆仑神话是以创世纪和人类起源发展为特征的文化体系，既凝聚着中华文化"和谐、和睦"及"天人合一"的思想，影响民族精神的形成和民族性格，同时又蕴含着敬重生命的忧患意识、自觉担当的厚生爱民意识、追求真理的奋斗精神和抗争精神等文化品格，是中华文化复兴的源泉之一，也是时代精神传承与发展的重要精神宝库。因此要从文化学、社会学视角，对昆仑神话所蕴含的精神价值进行深入系统的挖掘论述，并对昆仑神话精神核心内容、价值传承与中华民族精神弘扬关系进行深入的阐述。

六是当代昆仑文化的重构与传播研究。当下昆仑文化以其强大的吸引力，凝聚着全球华人对中华民族的极大认同，而成为连接中华各民族最牢固的精神纽带。当代对于昆仑文化的重新构建，就是对昆仑文化内涵的再次认知和发扬光大。通过对昆仑文化的拣选、提取、重塑等实现文化资源的共同享用，实现文化重构和对传统的再造，凝塑中华民族共同历史文化记忆，增强海内外中华儿女的向心力和凝聚力。因此要从文化学、民族学的视角，采用比较法、田野调查法等，对各民族历史记忆和当代发展中对昆仑文化的认同和共享进行动态考察，从全球化多元文化共生的环境中分析昆仑文化的历史与现实价值，探讨昆仑文化在中华文化复兴中的重要作用，进而阐述利用传统文化精髓以提升中华民族文化凝聚力等深层次问题。

研究这些问题的终极目标是建立以民俗文化学为主要学术背景的"昆仑文化学科"体系，同时积极为复兴中华文化、建设文化强国做理论支撑和战略指导。仅以后者而言，昆仑文化对中华文化建设至少有两个层面的意义。

一是为中华民族文化建设提供具有悠久人文历史传统和最广泛民

族民俗文化基础的资源依据和发展模式,"在传统的掌心之中"复兴具有传统精神内核的中华文化。笔者认为,中华民族的复兴首先是文化和文明的复兴,中国梦实现的根基是中华文化的复兴,中国的复兴是有根的复兴,有文明之根、历史之根、文化之根。实现文化的自觉、自信、自强则需要我们对中华文化的再认识与再继承、再弘扬。神话是民族文化的源头,昆仑神话是我国古典神话中内容最丰富、保存最完整、影响最深远的神话体系。昆仑山被称为"亚洲脊梁",它不仅是一种自然高度,更是东方精神文化的坐标、世界文化的制高点。世界上有数百个国家、地区和民族,都曾对世界人类文化做出过巨大贡献,但是随着历史演进,许多古代文明早已湮没于历史的尘埃之中,只有中国和中华文化依旧屹立于世界之林,一脉相承,历久而弥新。而昆仑文化在某种程度上作为中华民族的文脉之根、灵魂之乡和精神家园,成为中华民族在创世文化方面傲视群雄、自立于世界民族之林的重要文化基础。昆仑神话与中华文明的形成、发展和繁荣密切相关。昆仑文化在长期的历史发展过程中不断吸纳、融汇了众多民族和地域的文化,发展演变成中华民族的一种根脉象征、文化符号和精神坐标。

昆仑文化辐射地域宽广,融汇不同时空的多元文化,在历史长河中与不同地域、民族文化不断交流、渗透、竞争和融合。昆仑文化资源丰富,除了广为流传的昆仑神话之外,还有许多神奇的故事,或根植昆仑,或枝发昆仑,或源出昆仑,或皈依昆仑。"赫赫我祖,来自昆仑",人们仰望昆仑,神往昆仑,诠释昆仑,至今昆仑文化仍以强大的磁力,吸引着许多海内外华夏子孙不远万里,远渡重洋前来寻根觅祖,顶礼膜拜,以瞻仰昆仑神山为荣。

在中国目前的民族构成中,有包括汉族在内的三分之一以上的民族,与曾经生息在青海地区的古羌族群有着直接的渊源关系,他们的原始神话传说和文化传承脱离不了昆仑文化这一母题。藏族、羌族、彝族、景颇族、普米族、土族的历史传说和神话故事中都有与昆仑文化相关的神话元素。昆仑文化还对亚洲多民族民间信仰产生了深远的影响,如西王母不仅是中国人心目中最受尊敬的东方女神,而且也受到日本、东南亚以及中亚等许多地区人民的崇拜,成为一个世界性的文化现象。从20世纪80年代末期,来昆仑山朝觐、观光寻祖的旅游者络绎不绝,尤其是新加坡、韩国、日本和中国台湾、香港等地的道教信徒不远千山万水,不顾旅途艰辛,走进他们日夜向往的昆仑山,走进西王母瑶池顶礼膜拜、寻根拜祖、祈求安康,以了却终身夙愿。2000年8月以来,青海、甘肃等地多次举行海峡两岸昆仑文化考察活动和学术研讨会。在台湾地区,以慈惠堂、胜安宫为代表,岛内主祀西王母的庙宇已达数千家,信众已达百万余人。青海省格尔木市、甘肃省泾川县从1992年以来,共接待台湾信众数十万人次,如2008年9月18日台湾桃园县20名台胞,向湟中县扎麻隆凤凰山旅游景区捐赠一鼎重达1800公斤、价值50余万元人民币的香炉,表达台湾同胞对昆仑文化的崇尚。2013年8月24日(农历七月十八日),甘肃泾川举行公祭"华夏母亲·西王母"大典,台湾国民党荣誉主席吴伯雄发来贺信,并题词"西王母乃华夏之尊母"。

因此,昆仑文化成为当下和今后凝聚全球华人中华民族大认同的象征,成为连接东部与西部各少数民族地区最牢固的精神纽带。因此,昆仑文化在中华文化复兴中肩负着重要的历史使命,将在建设中华民族共有文化家园与精神家园中发挥不可替代的作用。

二是在更高层次上为地方文化服务,提升文化发展品质。昆仑文化作为一种文化符号,她融汇了不同时空的多元文化,在当今时代不断影响和吸收各种文化，最具包容性和传承性，出现处处为昆仑的现象。由于昆仑文化影响力和包容性，其具有不可估量的无形价值，因此作为一种可利用的文化资源，受到不同地域的关注，如当下青海、新疆、甘肃等省区一些地方政府和学界动用各种社会资源，求助于昆仑文化，依据历史文献、民间传说、文物遗迹，进行文化定位，修建祭拜之所，召开国际会议，提升文化软实力。例如，2008年，昆仑玉经各方努力成为第29届北京奥运会奖牌用玉。2009年8月，"青海·湟源首届中华昆仑文化周暨西王母祭拜大典"在湟源县宗家沟西王母石室前举行。2010年，青海在昆仑山脚下举办主题为《圣殿般的雪山》的昆仑山交响音乐会。2010年至今，中国民俗学会、青海省社科院、青海民俗学会等单位已联合举办了多届昆仑文化国际会议，这些学术会议得到了国内乃至国际文化界广泛认可。2011年11月，青海省文化改革发展大会胜利召开，青海省委省政府提出了"以昆仑文化为主体的多元一体文化格局"的青海文化定位。2013年，青海格尔木在昆仑山玉珠峰下进行了"昆仑山敬拜大典"，引起国内外广泛关注。甘肃泾川县也认为泾川是西王母文化故乡，并把农历七月十八日西王母降生日确立为"华夏母亲节"，并将泾川王母宫建设成为国家4A级旅游景区。新疆天山天池也被视为西王母瑶池，山腰处还建有西王母祖庙，并举办"西王母文化论坛"，新疆维吾尔自治区还把西王母神话与传说列入非物质文化遗产名录。

  各地通过对昆仑文化拣选、提取、重塑共享资源，实现了文化重构和传统的再造。与此同时，一些企业则以"昆仑"为注册商标，提高企业品牌，扩大影响。这都使得昆仑文化通过多种载体得到表达。当前昆仑文化的学术研究也已从最初的神话学研究，扩展到符号学、文化学、人类学、社会学、文化产业等更广泛的研究领域。课题组将对各地继承、重构昆仑文化相关的庆典、仪式、文化产业园、文化遗迹等进行田野调查、归纳分类,深入考察这些活动对当地多元文化互动、文化理解带来的影响,分析是否在当地提升和凝塑了民众对中华民族共同的历史记忆。

由此进而可以得到一点启示:任何一种学术的兴衰命运,都与国家民族的发展息息相关,尤其是参与到国家、民族和政府的文化发展大势中,发挥出应有的学术功能,体现出不可替代的现实意义,直接关乎着一种学术文化甚至是一个学科的存在与发展。民俗学虽然研究的是民众的草根文化,我们坚持的自然也是"民间立场",似乎与政府关注的文化发展(也就是"精英文化")相对立,但实际上正因为民俗学特有的关注面和研究成果,对习惯于精英文化的政府来说,恰恰是意境大开,风景独好;而对政府文化战略和文化发展来说,民俗文化堪称"柳暗花明又一村",有着独一无二的资政价值,由此也正可以大有作为。

本文即将定稿的时候,读到了董晓萍教授的《民俗学建设凸显国家文化模式》一文,其中说:"在我国加强文化强国的战略中,民俗学在研究拓展上建立国家文化模式,既是学术目标,也是社会责任。"[①] 这里提出的是一个关于民俗学建设的更大的现实意义问题。也可以说,民俗学有了这样的学术目标,才能与政府形成良性互动的文化关系,从而才能在理论与实践中繁荣发展民俗学自身的学术事业,更高层面上彰显出应有的国家文化建设价值。

(本文写作得到米海萍教授和鄂崇荣研究员的帮助,特此致谢)

(编辑:唐仲山)

---

① 董晓萍:《民俗学建设凸显国家文化模式》,《中国社会科学报》2014年5月23日。

# 民俗文化研究

# 从实际地理到神话想象空间的"昆仑"[*]

刘惠萍[**]

**摘　要**：本文主要结合传世文献与出土图像材料中关于"昆仑"的记载及形象，认为"古来言昆仑者，纷如聚讼"（顾实《穆天子传西征讲疏》语）之因，实缘于"昆仑"在不同时期为不同的概念及空间。文中经仔细梳理如《禹贡》《竹书纪年》《穆天子传》及《山海经》等早期相关文献记载，认为"昆仑"在早期中国人的心目中，应为一"实际地理"概念与空间。然而大约从战国晚期开始，尤其是到了汉代以后，由许多汉代画像中各种被称为"昆仑山"的山岳形象来看，"昆仑"已渐染上了神仙思想的色彩，而渐由"实际地理"转化为"想象神山"、"地中"等象征空间。其背后的原因，则可能又与汉代以后西王母信仰的兴起有关。

**关键词**：昆仑　西王母　神话

## 一　前言

关于"昆仑"的具体位置，自汉代以来一直是难解的问题。元

---

[*] 本文为个人执行"国科会"专题研究计划"图像与神话：汉画像所见神话之研究（Ⅲ）"（计划编号：NSC：99-2,410-H-259-076）之部分成果。
[**] 刘惠萍，台湾"国立"东华大学中国语文学系教授、博士，研究方向为中国神话、民俗学、民间文学、敦煌学。

人金履祥曾以为"昆仑无定所";而近人顾实在其《穆天子传西征讲疏》中更有:"古来言昆仑者,纷如聚讼"之叹。

在相关的讨论中,历来学者普遍对昆仑的实际地理位置及是否真实存在,有着较大的意见分歧。其中,或有从实际地理方位来考察者,如自清代以来的赵推鹏[1]、万斯同[2]、陈伦炯[3]、魏源[4]、李光廷[5]、张穆[6]、文廷式[7]等前贤硕儒,大致多从实际的地理考据推证昆仑的可能位置。其间,更有如法国的伯希和[8]、费琅[9];日本的桑原骘藏[10]等国外学者投入相关的考证。此外,近代学者如陈士廉[11]、裴景福[12]、蒋观云[13]、张星烺[14]、

---

[1] (清)赵推鹏:《昆仑图说》四卷,收入黄虞稷《千顷堂书目》(此据《丛书集成续编》,上海书店,1994),卷八,《史部·舆地类下》,第151页。

[2] (清)万斯同:《〈禹贡〉昆仑辨》《昆仑辨一》《昆仑辨二》,载谭其骧编《清人文集地理类汇编》,浙江人民出版社,1988,第559~563页。

[3] (清)陈伦炯:《昆仑记》,收入《小方壶斋舆地丛钞》,(台北)广文书局,1962,第8455页。

[4] (清)魏源:《海国图志》[清咸丰三年(1853)百卷本]第四册卷七四,《释昆仑》。

[5] (清)李光廷:《昆仑说》一卷,收入《小方壶斋舆地丛钞续编》,(台北市)广文书局,1964。

[6] (清)张穆:《昆仑虎昪同考》一卷,后收入谭其骧主编《清人文集地理类汇编》,第五册,第567~572页。

[7] (清)文廷式:《昆仑书》,收入《纯常子枝语》,江苏广陵古籍刻印社,1990,卷十三,第1980页。

[8] 〔法〕伯希和:《交广印度两道考》,冯承钧译,中华书局,1955,第181~307页。

[9] 〔法〕费琅(Ferrand, Gabriel):《昆仑及南海古代航行考》,冯承钧译,中华书局,2002,第9~160页。

[10] 〔日〕桑原骘藏:《蒲寿庚考》,陈裕菁译订,中华书局,1929,第1~183页。

[11] 陈士廉:《海国图志释昆仑驳议》,《中国学报》第6期(1913年4月)。

[12] 裴景福:《河海昆仑录》四卷,收入沈云龙主编《近代中国史料丛刊·第三辑》,新北市文海出版社,1967。

[13] 蒋观云在《中国人种考(二)》一文中提出"昆仑(Kuenln)者,即花国(Flowery Land),以其地之丰饶,示后世子孙之永不能忘,既至东方,以此自名其国,是即中国。"参见蒋由智《中国人种考(二)》,《新民丛报》第37号(1903年9月5日),第9~19页。

[14] 张星烺:《唐时非洲黑奴入中国考》,原载《辅仁杂志》第1卷第1期(1928年12月),后收入张星烺撰《中西交通史料汇编》,第三册,商务印书馆,1930,第48~79页。

岑仲勉①、吕思勉②、唐兰③、丁山④、卫聚贤⑤、苏雪林⑥、凌纯声⑦、顾颉刚⑧、方诗铭⑨、杨希玫⑩、饶宗颐⑪、何幼琦⑫、萧兵⑬、王红旗⑭等先生,以及日、韩学者如松田寿男⑮、桑田六郎⑯、田宪太郎⑰、久

---

① 岑仲勉:《南海昆仑与昆仑山之最初译名及其附近诸国》,《圣心》第2期(1933年7月),另刊于《中外史地考证》,(台北)中华书局,1962,上册,第115～150页。岑仲勉:《昆仑一元说》,收入《中外史地考证》,(台北)中华书局,1962,第42～47页。
② 吕思勉:《昆仑考》,原发表于《光华大学半月刊》,后收入《中国民族史》,东方出版社,1996,第18～20页;吕思勉:《西王母考》,《说文月刊》1943年第1卷合订本,第519～522页。
③ 唐兰:《昆仑所在考》,《国学季刊》1936年6月,第53～70页。
④ 丁山:《论炎帝大岳与昆仑山》,《说文月刊》第4卷合订本,第959～982页。
⑤ 卫聚贤:《昆仑与陆浑》,《说文月刊》1944年第1卷第9期。
⑥ 苏雪林:《昆仑一词何时始见中国记载——昆仑之谜之一》,《大陆杂志》1954年第9卷第11期,第333～336页;苏雪林:《汉武帝考定昆仑公案——昆仑之谜之二》,《大陆杂志》1955年第10卷第4期,第101～106页;苏雪林:《中国境内外之昆仑——昆仑之谜之三》,《大陆杂志》1955年第10卷第6期,第167～172页。
⑦ 凌纯声:《昆仑丘与西王母》,《中央研究院民族学研究所集刊》第22期,第215～256页;凌纯声:《中国史志上的小黑人》,《中央研究院院刊》第3辑《丁文江逝世廿周年纪念刊》(1956.2),后收入《中国边疆民族与环太平洋文化》,上册,台北联经出版事业公司,1979。
⑧ 顾颉刚:《酒泉昆仑说的由来及其评价》,参见《中国史研究》1981年第2期,第8～14页;顾颉刚:《〈山海经〉中的昆仑区》,参见《中国社会科学》1982年第1期,第3～30页;顾颉刚:《昆仑和河源的实定》,参见《历史地理》1983年第3期,第220～224页。
⑨ 方诗铭:《火浣布之传入与昆仑地望之南徙》,《东方杂志》1945年第41卷第15号,第40～45页。
⑩ 杨希玫:《苏雪林先生天问研究评介》,《大陆杂志》1962年特刊第2辑;杨希玫:《论殷商时代高层建筑之"京"、昆仑与西亚之Zikkurat》(上)(下),《大陆杂志》第34卷第5期,第1～5页;第34卷第6期,第23～27页。
⑪ 饶宗颐:《论释氏之昆仑说》,《大陆杂志》第46卷第4期,第1～4页;饶宗颐:《蜀布与Cinapatta——论早期中、印、缅之交通(附论:海道之丝路与昆仑舶)》,《历史语言研究所集刊》1974年第6期,第561～584页。
⑫ 何幼琦:《海经新探》,《历史研究》1985年第2期,第46～62页。
⑬ 叶舒宪、萧兵、郑在书:《昆仑篇》,载《山海经的文化寻踪——想象地理学与东西文化碰触》,湖北人民出版社,2004,第548～890页。
⑭ 王红旗:《昆仑山地望探索》,《民间文学论坛》1987年第5期,第82～87页。
⑮ 〔日〕松田寿男著,苏干英译:《昆仑国考》,《南洋研究》第10卷第1期(1940);《昆仑舶の解缆》,《鸭台史报》第七、八辑。
⑯ 〔日〕桑田六郎:《南洋昆仑考》,《台北帝国大学文政学部史学研究学报》第一辑。
⑰ 〔日〕田宪太郎:《古代昆仑人の南海活跃》,《小川香料时报》第15卷第11号。

米邦武①、方善柱②、石田干之助③、野村岳阳④等，也从不同的层面与学科视野，对昆仑的地理位置进行了整理和研究，并各有所得。

然亦有不少学者将昆仑视为"想象的"神山或具有特殊意涵的象征，而怀疑它的真实存在，如杜而未的《昆仑文化与不死观念》一文提出"昆仑"一词源自"月亮山"一词，并认为昆仑文化实乃由月亮盈亏所体现出来的"不死"概念的宗教神秘中心。⑤而王孝廉在《绝地天通——昆仑神话主题解说》中则提出西羌人的圣山神殿或许就是昆仑山原型的论点。⑥ 此外，日人御手洗胜的《昆仑传说と永劫回归》⑦一文认为昆仑的不死传说是"永恒回归"原型的象征；另如李丰楙的《昆仑、登天与巫俗传统——楚辞文系文学论之二》则将昆仑视为"地中"；⑧陈建宪的《生存的空间——昆仑神话中的"世界之脐"母题》则亦将昆仑视为"世界之脐"的象征；⑨汤惠生的《神话中之昆仑山考述——昆仑山神话与萨满教宇宙观》，则从萨满巫仪的角度，认为昆仑具有"天梯"

---

① 〔日〕久米邦武：《昆仑西王母考》，《史学杂志》1893 年第 4 卷第 41 期，第 19 ~ 36 页；1893 年第 4 卷第 42 期，第 28 ~ 42 页。
② 〔韩〕方善柱：《昆仑天山与太阳神》，《大陆杂志》49 卷 4 期，第 1 ~ 10 页。
③ 〔日〕石田干之助：《黄河の水源及昆仑山に关する支那人の知识の变迁》，《史学杂志》25，第 8 页。
④ 〔日〕野村岳阳：《文献上より见たる昆仑思想の发达》，《史学杂志》1918 年第 29 卷第 5 号。此据中国科学院历史研究所资料室编《敦煌资料》第一辑（中华书局，1961），第 115 页。
⑤ 杜而未：《昆仑文化与不死观念》，台湾学生书局，1978，第 28 ~ 30 页。
⑥ 王孝廉：《绝地天通——昆仑神话主题解说》，《岭云关雪——民族神话学论集》，学苑出版社，2002，第 305 ~ 327 页。
⑦ 〔日〕御手洗胜：《昆仑传说と永劫回归——中国古代思想の民族学考察》，《古代中国の神々》东京创文社，1985，第 681 ~ 719 页。
⑧ 李丰楙：《昆仑、登天与巫俗传统——楚辞文系文学论之二》，彰化师范大学国文学系中国诗学会议筹备委员会主编《中国诗学会议论文集》（彰化师范大学国文学系，1994）。
⑨ 陈建宪：《生存的空间——昆仑神话中的"世界之脐"母题》，《神祇与英雄——古代神话的母题》，生活·读书·新知三联书店，1995，第 67 ~ 87 页。

的象征;① 何新的《古昆仑——天堂与地狱之山》一文则认为昆仑代表天堂与地狱之山。②

除了将"昆仑"视为想象的神山外,如吕微的《"昆仑"语义释源》一文则以为"昆仑"本义为"圆"、"团"或"环",而"昆仑"一词所反映的正是"一个具有空间性和容纳性的物体,是女性的神话象征",由此提出昆仑是母体象征。③ 此外,如凌纯声、刘宗迪等先生则以为昆仑即中国古代的"明堂"。④

相关的讨论错综复杂,莫衷一是,故苏雪林于《昆仑之谜》一书中便说:

> 中国古代历史与地理,本皆朦胧混杂,如隐一团迷雾之中。昆仑者亦此迷雾中事物之一也。而昆仑问题,比之其他,尤不易懂理。盖以其真中有幻,幻中有真,甲乙互缠,中外交混,如空谷之传声,如明镜之互射,使人眩乱迷惑,莫知适从。故学者对此每有难于措手之感。而"海外别有昆仑"(晋郭璞语);"东海方丈,亦有昆仑之称"(后魏郦道元语);"昆仑无定所"(元金履祥语);"古来言昆仑者,纷如聚讼"(近代顾实先生语),种种欢息,腾于论坛。又有所谓大昆仑,小昆仑焉;东昆仑,西昆仑焉;广义之昆仑,狭义之昆仑焉。近代外国学

---

① 汤惠生:《神话中之昆仑山考述——昆仑山神话与萨满教宇宙观》,收入游琪、刘锡诚编《山岳与象征》,商务印书馆,2004,第118~142页。
② 何新:《古昆仑——天堂与地狱之山》,《诸神的起源——中国远古神话与历史》,(台北)木铎出版社,1987,第106~134页。
③ 吕微:《"昆仑"语义释源》,《神话何为——神圣叙事的传承与阐释》,社会科学文献出版社,2001,第143~158页。
④ 凌纯声:《昆仑丘与西王母》,《中央研究院民族学研究所集刊》1966年第22期,第215~256页;刘宗迪:《昆仑原型考——〈山海经〉研究之五》,《民族艺术》2003年第3期,第28~39页。

者之讨论南洋民族及非洲黑人者，因中国古书有"古龙"及"昆仑奴"之说，遂亦堕入昆仑迷障，昆仑岂惟中国之大谜，亦世界之大谜哉！①

诚然，昆仑不只是世界之大谜，更为学界之大谜，由于其相关记载的虚实难辨、今古混同，故历来学者虽孜矻钻研，似仍难解此大谜。而相关的研究成果虽汗牛充栋，但却正如李炳海于《三层九重、上与天通的昆仑——至尊天神确立期昆仑高度的提升》中所说的：

> 综观几十年来的昆仑神话研究，存在两个严重的缺陷，妨碍了对昆仑神话的历史还原。古代昆仑神话是在历史发展过程中逐步形成、完备的，是历代积累的产物，呈现出层积式形态。传说的昆仑神境由多层境界组成，我们对昆仑神话的研究也要对它的文化内涵采取多层剥离的方式。而要做到这一点，就必须对昆仑神话作历时的、动态的审视，而不能只作共时性的静态观照。②

近年来，笔者因对汉代墓室中的各种壁画、砖石画像多感兴趣，于观览之际，发现其中或被称为"昆仑山"的山岳形象演变饶富趣味，或可作为考察古代"昆仑"观念演变之另一参考。故不揣浅陋，拟结合书面记载与相关考古图像材料，梳理"昆仑"此一概

---

① 苏雪林：《昆仑之谜》，载《屈赋论丛》，（台北）国立编译馆中华丛书编审委员会，1980，第575页。
② 李炳海：《三层九重、上与天通的昆仑——至尊天神确立期昆仑高度的提升》，《山西师范大学学报（社会科学版）》2004年第31卷第3期，第50页。

念,之所以同时被视为"实际地理"及"想象神山"、"地中"等象征之演变及发展过程,冀能对此一论题有所突破,并就教于博雅方家。

## 二 实际地理的可能

尽管历来学者对"昆仑"的真实意涵仍有争议,然而从较早期的文献记载来看,"昆仑"在古代中国人早期的地理认识中,可能确有其地。

首先,"昆仑"之名,就今所见,最早见于《尚书·禹贡》的记载:

> 织皮昆仑、析支、渠、搜、西戎即叙。

相同的记载,另见于《史记·夏本纪》。《禹贡》传为禹臣伯益所作,但真伪难辨。然"昆仑"一词,据郑玄所注:"衣皮之民,居此昆仑、析支、渠搜三山之野者,即西戎也。"可知原为山名。

除了《禹贡》的记载外,汲冢所出《逸周书·王会解》中则亦有:

> 正西昆仑、狗国、鬼亲、枳已、阚耳、贯胸、雕题、离丘、漆齿。

虽然,苏雪林以为"昆仑与贯胸、雕题、狗国、鬼亲相提并论,则亦如《禹贡》之国名或民族名耳"。以为是国名,而孔颖达亦将

《禹贡》中的昆仑、析支、渠、搜,视为国名,① 但蒋廷锡在《尚书地理今释》中则认为:"昆仑、析支、渠搜皆本山名,而因以为国号也。"② 故可知以昆仑为国名,实缘于山名。

另在《尔雅·释地》中有:

> 西北之美者,有昆仑虚之璆琳、琅玕焉。

《释水》则云:

> 河出昆仑虚,色白。所渠并千七百一川,色黄。百里一小曲,千里一曲一直。河曲。

可知所谓的"昆仑虚"为黄河之源,且有"璆琳、琅玕"等美玉,故作为一座山岳的可能性极高。

而在早期昆仑的相关记载中,最富神秘色彩的则为周穆王西征、会见西王母于昆仑之丘的神话传说。按《竹书纪年》所记:"十七年,王西征昆仑,见西王母。"而在专记穆王西征见西王母一事的《穆天子传》中,更多处提及"昆仑"。如:

> 河宗又号之帝曰:穆满示女舂山之,诏女昆仑□舍四,平泉七十。乃至于昆仑之丘,以观舂山之宝,赐女晦。(卷一)
> 戊午……天子巳饮而行,遂宿于昆仑之阿、赤水之阳。
> 吉日辛酉,天子升于昆仑之丘,以观黄帝之宫而丰□隆之葬,

---

① 按《尚书》孔颖达疏云:"传织皮至戎狄也。《正义》曰:四国皆衣皮毛,故以织皮冠之。传言织皮毛布有此四国:昆仑、析支也、渠也、搜也,四国皆是戎狄。"
② (清)蒋廷锡:《尚书地理今释》,(台北)商务印书馆,1971,第80页。

以诏后世。癸亥，天子具蜀齐牲全，以禋囗昆仑之丘。（卷二）

甲子，天子北征，舍于珠泽，以钓于流水……乃献白玉……牛羊三千。天子囗昆仑以守黄帝之宫，南司赤水而北守舂山之宝。天子乃囗之人囗吾……天子又与之黄牛二六，以三十囗人于昆仑丘。（卷二）

庚辰，天子大朝于宗周之庙，乃里西土之数。曰："自宗周瀍水以西，至于河宗之邦，阳纡之山，三千有四百里。自阳纡西至于西夏氏，二千又五百里。自西夏至于珠余氏及河首，千又五百里。自河首襄山以西，南至于舂山珠泽，昆仑之丘，七百里……"（卷四）

虽然，《穆天子传》中所记神话色彩强烈，明人胡应麟称其"颇为小说滥觞"；① 清人姚际恒更以其为"伪书"。② 然据近人杨宽的考证，认为此书内容可能源自原居于西方的夏部族河宗氏之历史传说，后被魏国史官整理成书，其内容实为历史与神话之混杂，并不全然是虚构。近年来，更随着考古研究者对西周青铜器金文研究的发展，证明了书中许多内容仍有其历史根据，具有一定的史料价值。③ 而从《穆天子传》中如"昆仑之阿"、"昆仑之丘"，以及如"乃离西土之数里"的相关记载来看，其地应在当时中原地区的西方，且有一定的距离。

此外，在战国子书中，亦颇有言及昆仑者，如《庄子·大宗师》中有："堪坏得之，以袭昆仑。"《天地》篇中则有："黄帝游乎赤水

---

① （明）胡应麟：《少室山房笔丛》（中华书局，1958），《三坟补逸·下》，第456页。
② （清）姚际恒：《古今伪书考》，（台北）新文丰出版社据商务依知不足斋丛书本排印影印，1984，第11~12页。
③ 杨宽：《中国断代史系列——西周史》，上海人民出版社，2003，第四编第六章《穆天子传真实来历的考》，第603~622页。

之北，登乎昆仑之丘而南望，还归遗其玄珠。"另如《管子·轻重甲》载有："簪珥而辟千金者，球琳琅玕也，八千里之昆仑之墟可得而朝也。"而《列子·周穆王篇》中则言穆王西征，宿昆仑之阿，观黄帝之宫，宾于西王母，觞于瑶池之上云云，又多与《穆天子传》所言情节相类，由此可知当时人所认知的昆仑，虽与中原地区有一定的距离，然仍是可"登"、可"朝"、可"宿"之地，是凡人可抵达之境。

而在先秦典籍中，言及昆仑最多者则为《山海经》。《山海经》论及昆仑者有八处。其中如①：

……西次三经……槐江之山……西南四百里，曰昆仑之丘，是实惟帝之下都，神陆吾司之……河水出焉，而南流注于无达；赤水出焉，而东南流注于汜天之水；洋水出焉，而西南流注于丑塗之水；黑水出焉，而西流注于大杅。是多怪鸟兽。（《山经》卷二·西山经）

……敦薨之水出焉，而西流注于泑泽，出于昆仑之东北隅，实惟河源。（《山经》卷三·北山经）

……三苗国……昆仑虚在其东，虚四方。一曰在歧舌东，为虚四方。羿与凿齿战于寿华之野，羿射杀之，在昆仑虚东……（《海经》卷一·海外南经）

……流沙出锺山，西行又南行昆仑之虚……海内昆仑之虚，在西北，帝之下都。昆仑之虚，方八百里，高万仞。上有木禾，长五寻，大五围。面有九井，以玉为槛。面有九门，门有开明兽

---

① 袁珂校释《山海经校注》，上海古籍出版社，1980，第47、75、198、233、240、306、407页。

守之，百神之所在……赤水出东南隅，以行其东北，西南注于南海，厌火东。河水出东北隅，以行其北，西南又入渤海，又出海外，即西而北，入禹所道积石山。洋水、黑水出西北隅，以东，东行，又东北，南入海，羽民南。弱水、青水出西南隅，以东，又北，又西南，过毕方鸟东。昆仑南渊深三百仞，开明兽身大类虎而九首，皆人面，东向后立昆仑上……（《海经》卷六·海内西经）

……西王母梯几而戴胜杖，其南有三青鸟，为西王母取食。在昆仑虚北……帝尧台、帝喾台、帝丹朱台、帝舜台，各二台，台四方，在昆仑东北。……昆仑虚南所，有氾林方三百里……（《海经》卷七·海内北经）

……西海之南，流沙之滨，赤水之后，黑水之前，有大山，名曰昆仑之丘。有神——人面虎身，有文有尾，皆白一处之。其下有弱水之渊环之。其外有炎火之山，投物辄然。有人，戴胜，虎齿，有豹尾，穴处，名曰西王母。此山万物尽有……（《海经》卷十一·大荒西经）

尽管学界目前对《山海经》各部分之成书年代先后仍有意见分歧，然大多数的学者多赞同《山海经》各篇非出自一人之手，其中以《五藏山经》成书较早；而《海外经》和《海内经》则次之；《大荒经》与单篇《海内经》成书年代最晚。[①]

---

[①] 持此说的作者有玄珠、袁行霈、傅锡壬、陆侃如、郑德坤等人。另有持不同意见的是蒙文通，他认为《海外经》《海内经》八篇较其他各篇早，而《五藏山经》则成书最晚。而袁珂（《〈山海经〉写作的时地及篇名考》）则认为："《大荒经》四篇和《海内经》一篇成书最早，大约在战国初或中期《五藏山经》和《海外经》四篇稍迟，是战国中期以后的作品，《海内经》四篇最迟，当成于汉代初年。他们的作者都是楚人，即楚国或楚地人。"参见袁珂校释《山海经校注》，上海古籍出版社，1980，第1页。

其中，在成书年代较早的《西山经》《北山经》中，以及随后的《海外南经》《海内西经》《海内北经》中，虽有许多如厌火、羽民、毕方等对远国异人与如开明兽、西王母等或源自对西域世界之奇丽想象描写外，更有许多如黄河、弱水、洋水、黑水等颇近于实际地理的描写。而相关的地理描写，根据古史研究者徐旭生的考证以为：

> 要之西山经各山，均在陕西、甘肃、青海境内，虽间有神话而尚历历可指。①

因而，或未必可完全将其视为虚构之想象描述。

到了汉代，汉武帝更曾多次派使者前往西域各国探寻"昆仑"的确实位置，并定昆仑于于阗南山。按《史记·大宛列传》载：

> 于阗之西，则水皆西流注西海。其东，水东流注盐泽。盐泽潜行地下，其南则河源出焉。多玉石，河注中国……而汉使穷河源。河源出于寘，其山多玉石采来。天子按古图书，名河所出山曰昆仑。

虽然，司马迁对汉武帝定昆仑于于阗并不表认同，② 然亦未否定

---

① 徐旭生：《中国古史的传说时代》，广西师范大学出版社，2003，第346页。
② 司马迁著《史记·大宛列传》："《禹本纪》言河出昆仑。昆仑其高二千五百余里，日月所相隐蔽为光明者也。其上有醴泉、瑶池。今自张骞使大夏之后也，穷河源，恶睹《本纪》所谓昆仑者乎？故言九州山川，《尚书》近之矣。至《禹本纪》《山海经》，所有怪物，余不敢言也。"同样的，郭璞也以为："然予谓以于阗河源之山为昆仑，实汉人之误，非其实也。水性就下，天山南路，地势实低于黄河上源；……汉使于西域形势，盖本无所知；徒闻大河来自西方，西行骤睹巨川，遂以河源在是。汉武帝不知其诳，遽案古图书而以河所出之山，为河所出之山矣？"

真有其地。此外,在《汉书·地理志》《汉书·西域传》中,亦多有关于"昆仑"的记载。可见,当时人们将其视为一真实的地理方位。

固然,自汉代以来,关于昆仑之实际地理方位所在,一直众说纷纭:或以为在今青海西宁①;或以为在敦煌②;或以为在酒泉南山(今祁连山)③;更有唐代学者以为在吐蕃④;逮佛教流行中土后,又有将昆仑山混同于阿耨达山者⑤。及至清代,学者又或以冈底斯山、于阗南山为昆仑。⑥ 近代以来,对于昆仑山地理方位的推论,更是百家争鸣、时有新说。其中,有主张葱岭为昆仑者⑦;有主张天山附近为昆

---

① 按《汉书·地理志》载:"金城郡临羌,西北塞外,有西王母石室,西有弱水,昆仑山祠。"临羌者,汉置临羌县,今为青海省会。
② 又《汉书·地理志》亦载:"敦煌郡广至,有昆仑障。"故亦有人以为昆仑在敦煌。
③ 前凉时又定昆仑于酒泉南山。参见《史记集解》及《太平御览》引崔鸿《十六国春秋·前凉录》云:"酒泉太守马岌上言,酒泉南山,即昆仑之体也。周穆王见西王母,乐而忘归,即在此山。山有石室王母堂,珠玑镂饰,焕若神宫。"李唐以来多有从之者,如毕沅、谭其骧。参见谭其骧主编《中国历史地图集》,中国地图出版社,1982,第五册,第77页;第七册,第37页。到了唐代,昆仑山的地理位置又被更加精确地加以界定,如按《括地志》云:"昆仑山在肃州酒泉县南八十里。"即今之祁连山;清人毕沅的《山海经新校正》则证《西次三经》昆仑山为祁连山。
④ (唐)杜佑:《通典》,认为昆仑在吐蕃,并有两个证据,一是唐使所见及吐蕃人自言;二是《禹贡》中的"昆仑、析支",析支在积石山之西,昆仑也在积石山西。而《新唐书·吐蕃传》载:刘元鼎出使吐蕃,说河源紫山(吐蕃曰闷摩黎山),即昆仑山。
⑤ 如《释氏西域记》中便载有:"阿耨达太山,其上有大渊水,宫殿楼观甚大焉,山即昆仑山也。"惟郦道元疑之。参见(北魏)郦道元著,杨守敬、熊会贞疏,段熙仲点校,陈桥驿复校《水经注疏》,江苏古籍出版社,1989,第57页。
⑥ 清康熙时期,因进军西藏,定"阿耨达山"为冈底斯山。故如张穆、蒋廷锡等便认为昆仑山是西藏境内的冈底斯山。参见(清)张穆《昆仑虚异同考》,收入谭其骧主编《清人文集地理类汇编》,浙江人民出版社,1988,第五册,第569页;蒋廷锡:《尚书地理今释》,(台北)商务印书馆,1971,第80页。近人饶宗颐亦同意此说,参见饶宗颐《论释氏之昆仑说》,《选堂集林史林》,中华书局香港分局,1982,上册,第446~447页。另有如岑仲勉等学者则从训诂、语源的考察,以为昆仑即于阗文"南方",昆仑犹云"南山",为今于阗南山;而英人夏德(E. Hirth)更尝言于阗南部有喀喇科龙(Karakorum)山,其音俨与昆仑相近。
⑦ (清)魏源:《释昆仑》,《海国图志》卷74,岳麓书社,1998,第1852~1863页。

仑者①；亦有主张巴颜喀拉山、阿尼马卿山为昆仑者②。此外，更有调和诸地，以为介于冈底斯、于阗之间者。③ 同时，更有学者以为古代昆仑是泛指现在的帕米尔高原、喜马拉雅山脉、昆仑山脉以及青海地区的一些山脉。④

另外，还有不少学者主张昆仑在海外，如顾实附会《穆天子传》，谓昆仑在波斯；丁谦、刘师培则说昆仑在迦勒底。至于丁山的《论炎帝太岳与昆仑山》和《河出昆仑说》⑤、苏雪林的《昆仑之谜》⑥、凌纯声的《中国的封禅与两河流域的昆仑文化》及《昆仑丘与西王母》⑦ 等文，或以声韵学方法考论"昆仑"音读；或以文化传播论追溯昆仑山的原型，认为古籍文献中记载的昆仑山，其实就是印度的须弥山或西亚的阿拉拉特山。⑧

---

① 如洪亮吉据《禹贡》的记载，以为昆仑在天山附近。他以为："昆仑即天山也。其首在西域……自贺诺木尔至叶尔羌，以及青海之枯尔坤，绵延东北千五百里，至嘉峪关以迄西宁，皆昆仑也。华言或名敦薨之山，或名葱岭，或名于阗南山，或名紫山，或名天山，或名大雪山，或名酒泉南山，又有大昆仑，小昆仑，昆仑丘，昆仑墟诸异名。译言则曰阿耨达山，又云冈摩黎山，又名腾乞里塔。又名麻璋剌山，又名枯尔坤，其实皆一名也。"（清）洪亮吉：《昆仑山释》，收入谭其骧主编《清人文集地理类汇编》第五册，第564~565页。
② 苏雪林：《昆仑之谜》，载《屈赋论丛》，（台北）国立编译馆中华丛书编审委员会，1980，第575~685页。
③ 如张穆、徐松等主此说。参见（清）张穆《昆仑异同考》，收入谭其骧主编《清人文集地理类汇编》第五册；（清）徐松：《西域水道记》，中华书局，2005，第17~19页。
④ 岑仲勉：《昆仑一元说》，原载《西北通讯半月刊》1948年第2卷第10期，此据《中外史地考证》，中华书局，2004，第42~47页。
⑤ 丁山：《论炎帝太岳与昆仑山》《河出昆仑说》，收入《古代神话与民族》，商务印书馆，2005，第390~453页。
⑥ 苏雪林：《昆仑之谜》，载《屈赋论丛》，（台湾）国立编译馆中华丛书编审委员会，1980，第575~685页。
⑦ 凌纯声：《中国的封禅与两河流域的昆仑文化》，《中央研究院民族学研究所集刊》第19期，第1~51页；《昆仑丘与西王母》，《中央研究院民族学研究所集刊》第22期，第215~256页。
⑧ 岑仲勉：《昆仑一元说》，原载《西北通讯半月刊》1948年第2卷第10期，此据《中外史地考证》，中华书局，2004，第43页。

清人陶保廉在《辛卯侍行记》一书中综合前人诸说，认为昆仑有七处："一在海外，一在西宁，一在肃州，一在新疆，一在青海西南，一在卫藏之北，一在北印度。"① 故也有不少学者主张，包括在中国，以及中亚、巴比伦境内，可能有多处同名为"昆仑"之地。故岑仲勉便针对陶保廉的统计加以考订，得出所谓的"一元说"结论，以为"海外、新疆、卫藏及北印之四昆仑，皆即古昆仑。非名称如一，地点亦未有异。西宁、肃州两昆仑者、古昆仑之东支……唯青海之昆仑，则因真河源发现而层化。由是言之，昆仑之广义，实一元也。"②

无论是多元说还是一元说，由前贤学者的历历考证，大抵可以看出：大多数学者仍将昆仑视为实际存在的地理方位。

## 三 从纪实到想象

然而，诚如前面所言，亦有不少学者将昆仑或视为想象的山岳，或视为天柱、世界之脐的象征。众家高论，各擅胜场。然笔者认为：此或与大约到了战国时期，"昆仑"概念的逐渐神仙化倾向有关。

由对昆仑相关记载的文献梳理中可以发现，早在《山海经》中，即已出现了将昆仑神仙化的现象。如前所引，在《西山经》中，除了说它是"帝下之都"外，更有"神陆吾司之"，即已染神话色彩。而在《海内西经》中，昆仑之虚虽仍为"帝下之都"，然在高度上已成为"万仞"，且更有"长五寻、大五围"的木禾和"以玉为槛"的九井，同时，入口处更有勇猛的开明兽看守着，是"百神之所在"、"非仁羿莫能上冈之岩"，开明兽的西、北、东、南方更有如凤凰鸾鸟、视肉、

---

① （清）陶保廉：《辛卯侍行记》，甘肃人民出版社，2002，第320页。
② 岑仲勉：《昆仑一元说》，原载《西北通讯半月刊》1948年第2卷第10期，此据《中外史地考证》，中华书局，2004，第46~47页。

珠树、不死树、巫彭、巫抵、巫阳等仙界的仙禽异树与神人。另在《大荒西经》中，虽大致保持其纪实的特质，言其在"西海之南，流沙之滨，赤水之后，黑水之前"，"其外有炎火之山"，但昆仑神境中却增加了"西王母"。此外，在《山海经》中，"昆仑"或在《西山经》《海内西经》《大荒西经》；又或在《北山经》《海内北经》；更有在《海外南经》者，由其所在方位的错综难辨或可推知，大约到了战国中晚期，昆仑的概念已不清晰，或已有由实际地理向想象空间转化的趋势。

除了《山海经》外，在同属战国时期作品的《楚辞》中，亦多次提到昆仑：

昆仑悬圃，其尻安在？增城九重，其高几里？四方之门，其谁从焉？西北辟启，何气通焉？（《天问》）
遭吾道夫昆仑兮，路修远以周流。（《离骚》）
登昆仑兮四望，心飞扬兮浩荡。（《九歌·河伯》）
吾与重华游兮瑶之圃，登昆仑兮食玉英，与天地兮同寿，与日月兮齐光。（《九章·涉江》）

由《楚辞》的"增城九重"、"四方之门"、"西北辟启"及"吾与重华游兮瑶之圃，登昆仑兮食玉英"等叙述可知，屈原所描写的昆仑，并非在一般现实人世间，而是在遥远的非现实存有世界。

此外，屈原在《天问》中提到"昆仑玄圃"。按王逸注云："神山，在昆仑之上。其巅曰县圃，乃上通于天也。"①《淮南子·坠形

---

① 洪兴祖：《楚辞补注》，中华书局，1983，第92页。承续王逸"县圃在昆仑之上"的看法，后世吕向《文选》、洪兴祖《楚辞补注》、朱熹《楚辞集注》、黄文焕《楚辞听直》、王萌《楚辞评注》、陆侃如《楚辞选》等众多楚辞注作品，皆认为"县圃"当为神话昆仑大山之上的一个地名。

训》则认为:

> ……倾宫、旋室、县圃、凉风、樊桐,在昆仑阊阖之中,是其疏圃……昆仑之丘,或上倍之,是谓凉风之山,登之而不死。或上倍之,是谓悬圃,登之乃灵,能使风雨。或上倍之,乃维上天,登之乃神,是谓太帝之居。

过去,相关研究者或多以为《离骚》与《淮南子》的昆仑神话可能同出一源。

至于"悬圃"是个什么样的地方?为何屈原要提出"其尻安在"的疑问?黄文焕《楚辞听直》认为:"人身背后,脊骨尽处,谓之尻。昆仑之顶既峻起天半,则其尻必深入地中。尻可安属乎?背既未易见,尻愈未易知矣。"[①] 李陈玉《楚辞笺注》则谓:"悬圃者,神人之圃,悬于中峰之上,上不粘天,下不粘地。"至于闻一多则在其《天问疏证》中作了这样的解释:"县者,系也。言其上系于天也……山上系于天,则县空而居,下不著地,故问其基阯安在也。"[②] 故程嘉哲在《天问新注》中说:"县圃意为高悬在空中的花园。"[③] 萧兵也以为:"县(悬)圃,神话世界大山'昆仑'的顶端,好像高悬着的空中花园。可以从此登天。"[④]

考《山海经》中并无"悬圃"。《天问》中的"昆仑悬圃",不但强化了昆仑非一般凡人所能到达之地,更影响了《淮南子》中将昆仑分为"疏圃"、"玄圃"及"太帝之居"三层。这不但使昆仑神

---

[①] 崔富章、李大明:《楚辞集校集释》,湖北教育出版社,2002,第1077页。
[②] 闻一多:《天问疏证》,上海古籍出版社,1985,第35页。
[③] 崔富章、李大明:《楚辞集校集释》,第1078页。
[④] 萧兵:《楚辞全译》,江苏古籍出版社,1998,第25页。

境的空间高度得到极大的提升,更可"登之而不死"、"登之乃灵,能使风雨","登之乃神"。无疑为昆仑的神仙化与神圣化提供了绝佳的形塑条件。

除了"悬圃"外,屈原在《天问》中还提出了昆仑是"增城九重,其高几里?"的疑问,以为昆仑是由多层构成。《山海经》说昆仑"高万仞",但《天问》则称它"增城九重",更使昆仑神境的空间高度得到提升,且此说可能也影响了《淮南子·坠形训》中"昆仑三层"的说法。因此,到了汉代,便普遍接受此一观念,如在《尔雅·释丘》中也说:

> 丘一成为敦丘,再成为陶丘,再成锐上为融丘,三成为昆仑丘。

李炳海认为战国后期到西汉中期昆仑神话的演变,使昆仑神境的空间高度得到极大的提升,由此衍生出《尔雅》对昆仑一词所作出的解释,赋予它三丘重叠之义。[①]

而昆仑三层之说,对后世影响亦甚巨,如《海内十洲记》有:"昆仑山三角。其一角正北,干辰之辉,名曰阆风巅。其一角正西,名曰玄圃堂。其一角正东,名曰昆仑宫。"此说殆变《淮南子》中"昆仑三层"为"三角"。而北魏郦道元的《水经注·昆仑说》也说:"昆仑之山三级,下曰樊桐,一名板桐;二曰玄圃,一名阆风;上曰层城,一名天庭,是为太帝之居。"

除了"县圃"、"增城九重"外,在《离骚》中的昆仑,又增加

---

[①] 李炳海:《三层九重、上与天通的昆仑——至尊天神确立期昆仑高度的提升》,《山西师范大学学报(社会科学版)》2004年第3期,第52页。

了许多诸如咸池、扶桑、若木等非人世间所有的地名、物象,俨如一美好神山圣境的异质空间。故或如日本学者御手洗胜于其《昆仑传说と永劫回归》中所说的:昆仑本来是世间普遍可见的、作为联结天地之柱的山岳。① 后来,或由于受到春秋战国时期流行的神仙思想之影响,到了战国中晚期至两汉时期,遂逐渐由实际地理转化为天帝所在、百神所居的神山圣境。

除了文字的记载外,由先秦至两汉时期与西王母相关的图像中,也可以看出这样的变化。

首先,由于昆仑神话经常与西王母神话相联结,因此,考察西王母神话的发源地也成为考察昆仑方位的重要参考依据。按《海内北经》所云:

> 西王母梯几而戴胜杖,其南有三青鸟,为西王母取食。在昆仑虚北。

可知西王母与三青鸟居于昆仑虚北。而在许多汉代的画像中,也经常可见西王母与三足乌、九尾狐、捣药兔等祥禽瑞兽母体一同出现在同一画面,如在约当西汉末的酒樽上有二幅西王母神仙世界的图像(见图1)②,其中一幅戴胜西王母持杖而立,前有捣药兔、九尾狐,后方有一人手上立一三足乌;另一幅则绘有西王母戴胜端坐,两侧有一对捣药兔,右下有一跪求羽人手捧三足乌,山中更有九尾狐、肩生

---

① 〔日〕御手洗胜:《古代中国における地理思想》,《民族学研究》,(东京),1960年第24集,第1~2页。
② 图1为内蒙古包头召湾47号墓出土黄釉陶尊图像,参看何林《召湾汉墓出土釉陶尊浅浮雕》,《内蒙古考古文物》1982年第2期。图版转引自〔日〕冈村秀典《西王母の初期图像》《高井悌三郎先生喜寿纪念论集》,京都:真阳社,1988,第60页图3。图1.2为Avery Brundage收藏,现藏于SanFrancisco涂金青铜樽,图版转引自林巳奈夫《汉代の神々》,京都市:临川书店,1989,附图12。

羽翼的仙人。据相关记载及一些学者的考察，三足乌可能是由为西王母取食的使者"三青鸟"演化而来的，① 而捣药兔、九尾狐后来更成为西王母的侍者。因此，他们所居处之地极有可能即传说中的"昆仑山"。而此处的山都是被绘制成一如现实世界的山峰连绵、重峦叠嶂的传统山岳形状。

**图1　西汉末酒樽上西王母图像摹本**

同样的，在约当西汉末期、东汉初期于河南郑州所出土的一块画像砖（见图2）② 中，也绘有西王母端坐于一山峦上，其左右并有捣药兔、三足乌；下方还绘有九尾狐。此处的山也是被绘制成如现实世界的连绵起伏形状。

关于中国古代山岳的形状，从考古的材料来看，早期多以模拟山峦

---

① 据《山海经·海内北经》载："蛇巫之山，上有人操杯而东向立。一曰龟山。西王母梯几而戴胜杖。其南有三青鸟，为西王母取食。"《大荒西经》亦载："有西王母山，有三青鸟。"又据《汉武故事》所载："七月七日，上于承华殿斋。正中，忽有一青鸟从西方来，集殿前，上问东方朔。朔曰：'此西王母欲来也。'有顷，王母至，有二青鸟如乌，夹侍王母旁。"由此可知，"三青鸟"是西王母的取食者及使者，而在徐州的画像中，更有三足乌为西王母取食的形象。故如出石诚彦、李淞等学者多认为三足乌的原型，可能即传说中的三青鸟。参见〔日〕出石诚彦《上代中国的日と月との说话について》，第78～79页；李淞：《论汉代艺术中的西王母图像》，湖南教育出版社，2000，第53页。

② 郑州市博物馆：《郑州新通桥汉代画像空心砖墓》，《文物》1972年第10期，第46页；周到、吕品、汤文兴：《河南汉代画像砖》，上海人民美术出版社，1985，图87。

从实际地理到神话想象空间的"昆仑"

**图2　河南郑州出土空心砖画像**

的简单波浪形线条来表现。故在西汉时期的许多画像中,也经常可见这一类的山岳形象,如马王堆1号墓朱漆内棺前部(见图3.1)及左侧面(见图3.2)所绘的山形图像,① 以及山东临沂金雀山9号墓帛画(见图4)② 中于屋顶上的三座山峦形象等。而据巫鸿等人的研究,它们可能都已是一种"仙境"的象征。③ 另在长沙砂子塘汉墓的漆棺上及稍晚的梁王墓壁画中,也已见到类似此"仙山"的图形。④

但大约是到了西汉末、东汉初之际,在画像中代表西王母仙境的"昆仑"形象,也开始发生变化。

---

① 高莉芬认为,在马王堆1号汉墓的朱漆内棺正侧面,神山位于整个画面的正中央,有三峰之造像,其中一主峰为最高,神山具有层级性,空间布景属垂直式的置景方式,与传世文献中昆仑三峰的"垂直置景"式的空间布局相合。加上《尔雅·释丘》的记载,因此垂直式置景的三峰神山,应属昆仑三峰无疑。高莉芬:《蓬莱神话:神山、海洋与洲岛的神圣叙事》,(台北)里仁书局,2007,第137~138页。
② 临沂博物馆:《山东临沂金雀山九号汉墓发掘简报》,《文物》1977年第11期,第24~27页。
③ 巫鸿:《汉代艺术中的"天堂"图像和"天堂"观念》,第246页。
④ 湖南省博物馆:《长沙砂子塘西汉墓发掘简报》,《文物》1963年第2期,第13~24页。河南省商丘市文物管理委员会、河南省文物考古研究所、河南省永城市文物管理委员会:《芒砀山西汉梁王墓地》,文物出版社,2001;阎道衡:《永城芒山柿园发现梁国国王壁画墓》,《中原文物》1990年第1期,第34页。

图 3　湖南长沙马王堆 1 号西汉墓第三套棺前部、左侧面

如在前所引河南郑州出土的一块画像砖（见图 5）① 中，一样是戴胜的西王母，拱手跪坐于如豆形的高台上，左侧有一双腿直立的兔子，持杵作捣药状，前有一圆筒形药钵。另在山东沂南汉墓墓门西立柱画像（见图 6）中，西王母戴胜、肩有翼，拱手端坐于山字形柱状的高几上，两侧有玉兔执杵臼捣药，一虎穿行于柱间。皆无山岳形状的出现。

图 4　临沂金雀山 9 号墓帛画

图 5　河南郑州出土空心砖画像

---

① 周到、吕品、汤文兴：《河南汉代画像砖》，上海美术出版社，1985，图 88。

## 从实际地理到神话想象空间的"昆仑"

虽然,此二柱状的形象,未必可将其视为所谓的"昆仑"或"玄圃"。然据旧本提汉东方朔所撰的《海内十洲记》所述,昆仑"号天柱"、"如盆,下窄上宽",又在晋人郭璞的《山海经图赞》中也称昆仑丘"嶵然中峙,号曰天柱"。可合理推测此一上方端坐西方母、如柱状的形象,应即昆仑山。

除了柱状的昆仑山外,若再从年代为东汉桓帝元嘉元年(公元151年)的山东苍山县城前村出土石墓门左立柱正面画像(见图7)[①]来看,画面上部为西王母手执羽状物坐于如云状的柱座上,座两侧有狐狸和人面兽。从柱座底部有崎岖的小山峦观之,这可能就是在昆仑山上"悬空而居,下不著地"的"玄圃"。另在约当东汉晚期的山东嘉祥县满硐乡宋山出土画像(见图8)[②]中:上层画像正中有一西王母,同样头戴华胜,凭几而坐在一似"悬空而居"、"上不沾天、下不著地"的云状高台上,四周则布满如捣药兔、蟾蜍、金乌及各种敬献芝草与捧杯献琼浆的羽翼仙人。由其构图及相关的内容来看,此并非平凡人间,应为代表神仙世界的昆仑仙境。

综上可见,作为西王母仙境的昆仑,也受到两

图6 山东沂南汉墓墓门画像

图7 山东苍山县城前村墓门画像

---

① 中国画像石全集编辑委员会:《中国画像石全集·山东》,山东美术出版社、河南美术出版社,2000,第三册,图100。
② 中国画像石全集编辑委员会:《中国画像石全集·山东》,山东美术出版社、河南美术出版社,2000,第三册,图96。

汉时期人们对于其意涵与内容的想象与建构，由模拟实际山岳的形象转化为"登之乃灵"、"登之乃神"的悬空玄圃形象。

图8　山东嘉祥县满硐乡宋山出土画像

## 四　仙境、天柱与明堂：被神仙化与神圣化的空间

经由以上的考察可以发现，在先秦两汉时期，昆仑或为一实际地理之名，然大约到了战国中晚期，因受神仙思想的影响，逐渐由真实存在的地理方位被神仙化与神圣化。

因此，若再简单梳理汉魏六朝的相关记载即可发现：到了两汉以后的魏晋六朝记载中，"昆仑"更成为一个被神仙化与神圣化的想象空间——或成为"太帝之居"，或成为"群仙常驾龙乘鹤游戏其间"、"圣人仙人之所集也"的神人仙人所居之地。如：

> 三成曰昆仑丘。《昆仑记》曰：昆仑之山三级：下曰樊桐，一名板桐；二曰玄圃，一名阆风；上曰增城，一名天庭，是为太帝之居。（《水经注·河水》）

> 昆仑山有昆陵之地，其高出日月之上。山有九层，每层相去万里，有云色从下望之如城阙之象；四面有风，群仙常驾龙乘鹤游戏其间。（《拾遗记》卷 10）
>
> （昆仑山）真宫仙灵之所宗……天人济济，不可具记。（《海内十洲记》）
>
> 昆仑山……神物之所生，圣人仙人之所集也。（《博物志·地理略》）

此外，或由于昆仑有"上系于天"、"增城九重"、"三成为昆仑丘"的说法，昆仑也成为通天接地的天梯、天柱。如：

> 昆仑山为地首，上为握契，满为四渎，横为地轴，为天镇，立为八柱。（《河图括地志》）
>
> 昆仑山，天中柱也。（《太平御览》卷 38 引《河图》）
>
> 天下仙圣，治在柱州昆仑山上。（《水经注·河水》引《遁甲开山图》）
>
> （昆仑山）上通璇玑……此乃天地之根纽万度之纲柄矣。是乙太上名山，鼎于五方，镇地理也。号天柱。（《海内十洲记》）
>
> 西老之宇，嵘然中峙，号曰天柱。[（晋）郭璞《山海经图赞·昆仑丘》]
>
> 地位之首，起形高大者，有昆仑山，广万里，高万一千里……其山应于天最居中，八十城市布绕之。[（晋）张华《博物志·地理略》]
>
> 昆仑之山，有铜柱焉，其高入天，所谓天柱也，围三千里，周圆如削。（《神异经·中荒经》）

除了成为神仙所居之地及通天之柱外，另一更特别的发展则是，昆仑还成为帝王登高封禅的"明堂"，如据《史记·封禅书》记载：

> 上欲治明堂奉高旁，未晓其制度。济南人公玉带上黄帝时明堂图。明堂图中有一殿，四面无壁，以茅盖，通水，圜宫垣，为复道，上有楼。从西南入，命曰昆仑，天子从之入，以拜祠上帝焉。于是上令奉高作明堂汶上，如带图。及五年修封，则祠太一、五帝于明堂上坐，令高皇帝祠坐对之。祠后土于下房，以二十太牢。天子从昆仑道入，始拜明堂如郊礼。①

汉武帝祭祀太一、五帝时，把前往神主处所经过的楼梯称为"昆仑道"，还把昆仑神境视为通往天庭的必经之地。

如前所述，过去如凌纯声、刘宗迪等先生虽曾提及昆仑即古代"明堂"之推测，然而由于相关的说法要晚至汉武帝时才开始出现，可知此义可能未必为"昆仑"之原始意涵。

到了东晋以后，人们想象中的昆仑山，甚至也受到佛教须弥山的影响，如据晋人王嘉《拾遗记》所述：

> 昆仑山有昆陵之地，其高出日月之上。山有九层，每层相去万里。有云色，从下望之，如城阙之象……昆仑山者，西方曰须弥山，对七星之下，出碧海之中。上有九层，第六层有……第三层有……第五层有神龟……第九层山形渐小狭……旁有瑶台十二，各广千步，皆五色玉为台基。②

---

① （汉）司马迁：《史记·封禅书》，（台北）鼎文书局，1995，第1355~1404页。
② （晋）王嘉：《拾遗记》，中华书局，1981，第221页。

后来，五岳更被异化成为现世中的昆仑神山。正如毕沅在解释《尔雅·释丘》"三成为昆仑丘"时认为："是昆仑者，高山皆得名也。"而袁珂也同意毕沅的看法。① 由此可见，随着时世的嬗替递变，"昆仑"此一名词的意涵与象征，也愈益丰富。

## 五 结语：层累造成的"昆仑"

早在1945年，苏雪林即曾将昆仑分为"实际地理上的昆仑"与"神话中的昆仑"。经由以上的梳理可以发现，"昆仑"的概念是不断变化、扩大的，尤其是随着战国两汉之际神仙思想的盛行，昆仑已渐由真实的地理名称，转化为神山代表的神圣空间。古史辨派大将顾颉刚于1925年在回顾自己近半年的孟姜女故事研究经过时，曾说过一段饶富意义的话：

> 现在我们所要研究的，乃是这件故事如何变法。这变化的样子就很好看了：有的是因古代流传下来的话失真而变的，有的是因当代的时势反映而变的，有的是因地方的特有性而变的，有的是因人民的想象而变的，有的是因文人学士的改篡而变的，这里边的问题就多不可数，牵涉的是全部的历史了。我们要在全部的历史之中寻出一件故事的变化的痕迹与原因，这是一件极困难的事情，但也是一件极有趣味的事情呵。②

---

① 袁珂：《中国神话传说词典》，上海辞书出版社，1985，第236页。
② 国立中山大学语言历史学研究所编印：《孟姜女故事研究集·第二册》，收入《国立中山大学语言历史学研究所民俗学会丛书》，国立中山大学语言历史学研究所，1928，第24~25页。

因而提出"层累地造成的中国古史"之说。2011年，施爱东于《"弃胜加冠"西王母——兼论顾颉刚"层累造史说"的加法与减法》[①] 一文中也利用"层累地造成说"的理论讨论西王母形象的历史变迁。然昆仑神话的内容，不也是一种"层累造成"的演变吗？因此，在探求昆仑神话的内涵时，不能只从自然地理或象征意涵来思考。或许，如此才能对昆仑神话作出更全面、准确的概括。

（编辑：鄂崇荣）

---

① 施爱东：《"弃胜加冠"西王母——兼论顾颉刚"层累造史说"的加法与减法》，《民俗研究》2011年第3期，第5~23页。

# 《楚辞·离骚》"飞天"、"求女"母题析探
## ——兼论昆仑神话的意义

鲁瑞菁*

**摘　要**：本文旨在探讨《离骚》中"飞天"与"求女"的问题，认为唯有弄清《离骚》后半篇三次飞天、求女及其目的地昆仑圣地的喻义，才是通贯《离骚》全诗，并洞悉屈原内在心灵世界的不二法门。而《离骚》中的求女又建立在飞天的基础之上，所以首先应探讨《离骚》中的飞天远游。笔者认为《离骚》主人翁的飞天远游具有古老的巫术神话背景，即古代萨满巫师作法遨游天地，其目的在于化解部族及个人生命中所遭遇的生存困境。屈原巧妙地结合了"飞天"与"求女"两个古老的神话母题，飞天求女就楚族群体而言，是喻求明君；就屈原（《离骚》主人翁）个人而言，则是喻求美善至洁，他希冀以此仪式来渡过楚族与个人生命中的困厄与危机，所以飞天求女对屈原而言，就犹如远古部落中的"过渡礼仪"。

求女既喻求君，又喻求洁，这当中具有原始文化及人类心理的深层积淀。《离骚》主人翁最初的神游飞行是由宇宙之轴（通天之道）昆仑丘飞升至悬圃、天帝所居的乐园。这是一个大范围的昆仑圣域，它不是人文地理上确实有所对应的区域，而是一个神话概念中抽象、象征的圣域，其所象征的是一不老、不死的洁净纯美乐园。在昆仑圣域中有不死树、饮之不死的丹水和登之不死的凉风山。"不死"是神话乐园中最重要的母题，神话中的不死，意味着复归洁净纯美的初生状态，也即是死后的再生；正是周

---

\* 鲁瑞菁，台湾静宜大学中文系教授，研究方向为楚辞、神话、汉代壁画、汉代画像石。

期性模拟死亡——再生的仪式,在初民心理上积淀成为不死、重生的深层结构。

总括而言,一方面,《离骚》飞天求女中的女性喻指贤君,用意在化解部族所遭遇的生存困境;另一方面,《离骚》飞天求女中的女性象征洁美品质,用意在化解个人所经验的生活难题。屈原即以《离骚》中飞天求女的手法,树立起后世文学作品中"世不遇"(忧与游)及"女神(性)原型"两个意象的光辉传统,让历代文人仿效不已。

**关键词:** 昆仑　飞天　求女　大母神　母题

## 一　前言

屈原自传性质的文学作品《离骚》自古以来素称奇诗,而其所奇之处乃在诗篇后半部分的三次"飞天"、"求女"历程,以及在这三次"飞天"、"求女"历程之间又穿插入四次对话的结构性安排。①

王邦采《离骚汇订·自序》曾云:

> 屈子之文……其最难读者,莫如《离骚》一篇,而《离骚》之尤难读者,在中间"见帝"、"求女"两段。

依王邦采之意,《离骚》诗篇最难读(懂、通)者,盖在"见帝"与"求女"这两段文字。而所谓"见帝"一段,当指"吾令帝阍开关兮"至"好蔽美而嫉妒"等六句诗句;至于"求女"一段,则指"济白水"、"登阆风"、"哀高丘之无女"以下,至"闺中邃远"、"哲王不寤"的一大段文字。"见帝"与"求女"

---

① 萧兵:《楚辞的文化破译》,参见《〈离骚〉结构的症结:三次飞行、四次对话》一章,湖北人民出版社,1991,第117~194页。

实即《离骚》第一次与第二次飞天远游的目的，其内蕴、喻义确实十分难解，不过也唯有弄清楚这两段文字的意义及其目的地昆仑圣地的喻义，并结合诗篇末尾的第三次飞天远游的内蕴、喻义，加以整体的观察，才能真切地通贯全诗，进而洞悉屈原内在的心灵世界。

本论文所指称的《离骚》三次飞天远游，有一个共同的句法、文式特点，可以看做是屈原有意的安排，那就是它们都是以"朝……夕……"这样的句式、套语来展开每一次的飞天远游，例如：

第一次："朝"发轫于苍梧兮，"夕"余至乎悬圃。

第二次："朝"吾将济于白水兮，登阆风而绁马……巫咸将"夕"降兮。

第三次："朝"发轫于天津兮，"夕"余至乎西极。①

《离骚》中主人翁的第一次飞天远游即是在与女媭对话（即第一次对话）没有交集，更就重华而陈辞（即第二次对话），"既得此中正"（即获得重华的应许、允诺）之后，以"朝……夕……"这样的

---

① 又"朝……夕……"这样的句式也见于《九歌》中的《二湘》，如《湘君》"驾骖兮江皋，夕弭节于北渚"、《湘夫人》"朝驰余马兮江，夕济兮西澨"。〔英〕大卫·霍克斯（David Hawkes）认为这类句式与"弭节"、"遵吾道"等词一样，都是原始巫师举行追寻女神仪式时所惯用的（按：不过这里仍有分别，若说"朝……夕……"句式表达的是神圣时间，即不同于世俗时间的感觉，那么"弭节"、"遵吾道"等词就表现了神圣空间，即不同于世俗空间的感觉）；巫师用"朝……夕……"这样的句式，来表现其行程无限漫长的感觉，整日时间在诗中仅占一行篇幅就飞逝过去了，它们属于戏剧表演性质的语言，而不是叙述性质的语言。参见〔英〕大卫·霍克斯（David Hawkes）《神女之探寻》一文，载莫砺锋编《神女之探寻》，上海古籍出版社，1994，第33～34页。

句式、套语起始的①，而其飞天远游仪式的目的在于升登进入天帝之门。至于第二次飞天远游则是在欲进天门，却为帝阍所拒，又等待无果后，再以"朝……夕……"这样的句式、套语展开的，而其目的在于四度"求女"，即"哀高丘之无女"、"求宓妃之所在"、"见有娀之佚女"、"留有虞之二姚"，结果却失败了。

当他经历了四度求女未果后，于是产生出命灵氛占卜、求巫咸降神的第三、四次的对话，在灵氛占曰"勉远逝而无狐疑"、巫咸降曰"勉升降以上下"，二者皆劝其远走异域之后，《离骚》主人翁内心"是去"、"是留"的冲突升到了最高点，这逼使他下定决心作出第三次的飞天远游，于是"朝……夕……"这样的戏剧、仪式性质的句式、套语又出现了。而当他"神高驰之邈邈"、"陟升皇之赫戏"，正陶醉在远游的恣意快乐时，"忽临睨夫旧乡"，以致"仆夫悲余马怀兮，蜷局顾而不行"，第三次的飞天远游即戛然而止，徒留无限悲怨与凄凉，最后《乱》声缓缓奏起，竟是一曲预告死亡的哀歌，这时对主人翁而言，已经不是"是去还是留"的现实抉择性问题，而是"是生还是死"的终极存在性问题了。

从以上的分析已经可以看出，《离骚》后半篇的结构、布局是相当严谨的（关于这一点在第三节还会讨论到），而由这种安排严谨的结构、布局当中可以进一步推想《离骚》后半篇的三次飞天远游，当有一个共同的、贯穿首尾的目的及意义。若再从第二次飞天远游时所着力描写的四度"求女"过程来看，那么第一、三次飞天远游的目的也就呼之欲出了，即是"求女"。此于《离骚》文本当

---

① 在与女媭的对话中（第一次对话），女媭劝其随俗变节，《离骚》中的主人翁则表明宁死不变的态度。于是他改向沅湘，跋涉九嶷，寻求他精神的远祖——舜，以倾吐自己所受到的委屈，其后终于得到舜的认可（第二次对话。按：这里虽然没有如与女媭对话般写出与舜的对话，但颇可注意的是，这里所隐含着的人与神神圣又神秘的心灵感应，并得到默许的天启意味），因而展开他第一次飞天远游。

中，是能够找到证据加以证成的。如上所述，"求女"这一神话母题可说是贯穿《离骚》后半篇的一个关键点①，并能与前半篇相互呼应。因而"求女"的喻义到底为何？就成为本篇论文最需要探明的问题。

不过，在讨论《离骚》"求女"的结构性安排及其喻义之前，还必须先说明"飞天"这一仪式的作用及意义，因为正如前文所述，《离骚》的"求女"是"飞天"目的；若是换个角度说，则《离骚》的"求女"即是在"飞天"的基础上展开的。而"飞天"又是一个与"求女"一样常见的、极其重要的原始神话母题。屈原在《离骚》中巧妙地结合了"求女"与"飞天"两个情节单元素，使它们产生相互激活、生发的作用，更增添了《离骚》中所积淀的原始文化能量、内蕴的复杂性及丰富性。所以下文就先来探讨"飞天"的仪式性意义。

## 二 "飞天"的仪式性意义

"飞天"可说是屈原追求真善美之浪漫诗思的基础，而其源头则可溯至原始社会（萨满）巫师的作法仪式。"飞天"在《离骚》后半篇当中，常常是以"上征"、"上下"、"逍遥"、"相羊"、"游"、"览"、"观"、"周流"、"远集"、"浮游"、"远逝"、"升降"等词汇来表现的，如：

1. 驷玉虬乘鹥兮，溘埃风余"上征"

---

① 这里使用"母题"（motif）一词，指的是最小的情节单元素，也就是可分析出的最小的情节构成单位。

2. 路漫漫其修远兮，吾将"上下"而求索
3. 聊"逍遥"以"相羊"
4. 溘吾"游"此春宫兮
5. "览"相"观"于四极
6. "周流"乎天余乃"下"
7. 欲"远集"而无所止兮，聊"浮游"以"逍遥"
8. 勉"远逝"而无狐疑兮，孰求美而释女
9. 曰勉"升降"以"上下"兮，求矩矱之所同
10. 聊"浮游"而求女
11. 及余饰之方壮兮，"周流"观乎"上下"
12. 吾将"远逝"以自疏

　　以上引号中的文字是一组相沿已久，从而具有相同意义的词汇，屈原即以这类语言来表达"飞天"的仪式①，与"弭节"、"邅吾道"等词一样，这些固定词汇表达出了"飞天"时的神圣空间感觉，它们在历史的动态进程中，已被赋予了一种巫术性、

---

① 在《远游》一篇中，也有类似的一组词，即

1. 悲时俗之迫厄兮，愿"轻举"而"远游"
2. 质菲薄而无因兮，焉"托乘"而"上浮"
3. 因气变而遂"曾举"兮，忽神奔而鬼怪
4. 聊"仿佯"而"逍遥"兮，永历年而无成
5. 顺凯风以从"游"兮
6. 载营魄而登霞兮，掩浮云而"上征"
7. 路漫漫其修远兮，徐弭节而高厉
8. 涉青云以"汎滥游"兮
9. 沛罔象而自"浮"

这里的"远游"、"逍遥"、"浮"、"游"等词亦皆表现出一种神圣空间感觉。而吾人也可以从神圣时间、空间的角度，重新来看待《庄子》书中的"逍遥游"神话。

仪式性的意蕴。① 以下可以举出"及余饰之方壮兮，周流观乎上下"一例进一步讨论，王逸注此句云：

> 上谓君，下谓臣。言我顾及年德方盛壮之时，周游四方，观君臣之贤，欲往就之也。②

王逸以封建时代"上下尊卑"的观念来解说此处的"上下"，说"上谓君，下谓臣"，这是一种不相应文本的误读。此处的"上下"一词，如前所述，乃是具有巫术性、神话性背景之词汇，即是古代巫师上天下地、上穷碧落下黄泉的"上"、"下"，这在《山海经》及《淮南子》二书中都可以找出许多参照的例证，比如：

1. 《山海经·海内西经》：海内昆仑之虚，在西北，帝之下都。昆仑之虚，方八百里，高万仞。上有木禾，长五寻，大五围，旁有九井，以玉为槛。面有九门，门有开明兽守之，百神之所在。在八隅之巖，赤水之际，非仁羿莫能"上"冈之巖。

2. 《淮南子·坠形训》：昆仑之丘，或"上"倍之，是谓凉风之山，登之而不死；或"上"倍之，是谓悬圃，登之乃灵，能使风雨；或"上"倍之，乃维"上"天，登之乃神，是谓太帝之居。

3. 《山海经·海外西经》：巫咸国在女丑北，右手操青蛇，

---

① 我们在阅读《楚辞》诸篇（尤其是《离骚》）的时候，应该特别注意这类积淀着原始巫术性、仪式性意蕴的词汇。屈原大量运用这种语言，将自我巫术化、仪式化、戏剧化；在巫术化、仪式化、戏剧化自我的同时，也就重新塑造、界定出一个全新经验（与现实时空经验不同）的自我，从而摆脱了困扰自我的孤独与混乱。

② 游国恩编《离骚纂义》，中华书局，1982，第446页。

左手操赤蛇。在登葆山，群巫所从"上下"也。

4.《山海经·大荒西经》：有灵山，巫咸、巫即、巫盼、巫彭、巫姑、巫真、巫礼、巫抵、巫谢、巫罗，十巫从此"升降"，百药爰在。

5.《山海经·海内经》：华山青水之东，有山名曰肇山，有人名曰柏高，柏高"上下"于此，至于天。

6.《山海经·大荒西经》：西南海之外，赤水之南，流沙之西，有人珥两青蛇，乘两龙，名曰夏后开，开"上"嫔于天，得《九辩》与《九歌》以"下"，此天穆之野，高二千仞，开焉得始歌《九招》。

7.《山海经·海内经》：有木，青叶紫茎，玄华黄实，名曰建木，百仞无枝，上有九欘，下有九枸，其实如麻，其叶如芒。太皞爰"过"，黄帝所为。

8.《淮南子·地形训》：建木在都广，众帝所自"上下"，日中无影，呼而无响，盖天地之中也。

上引诸例中，所谓"上冈之崖"、"乃维上天"、"所从上下"、"从此升降"、"上下于此"、"上嫔于天"、"太皞爰过"、"所自上下"等词汇，皆是古代巫觋上下天地、沟通神人的仪式性表述。而"昆仑之丘"、"登葆山"、"灵山"、"肇山"、"天穆之野"、"建木"等，则是位居天地之中的宇宙之轴。至于"仁羿"、"柏高"、"夏后开"、"太皞"、"众帝"与"群巫"、"十巫"等，应属古之巫觋阶层，这其中实积淀着萨满巫师魂游天际的文化因子。因此，这些地方的"上"、"下"一词，即是积淀着原始巫术性、仪式性意蕴的词汇。

萨满（Shaman）是什么呢？秋浦认为，萨满意谓激动、不安和疯狂的人。① 富育光、孟慧英也指出，在满族民间传说中，世上第一个女萨满是天神派来的，或天神命神鹰变成的（或天神与鹰交配后生下的），因此萨满天生具有飞天入地的本领；相传萨满在祝祭时，能使自己灵魂出壳，升入天穹。②

从萨满古神谕和古神话中可以看到，萨满教将自然宇宙的范围分为三界，最上界称作天界（或称火界、光明界），为天神阿布卡恩都里和日、月、星辰、风、雷、雨、雪等神祇所居，此外还有众多的动物神、植物神，以及氏族祖先英雄神也高踞其间；中界则是人、禽、动物及弱小精灵繁衍的世界；下界为土界（又称地界、暗界），是伟大的巴那吉额姆（地母）、司夜众女神，及恶魔居住藏身的地方。萨满是三界的使者，既可飞腾高天以通神，又可驰入暗界以除魔。③

张光直也曾指出，中国古文明最主要的特征之一，就是所谓的

---

① 秋浦：《萨满教研究》，上海人民出版社，1985，第2页。秋浦又指出，有两类人最有资格继承萨满的职务，一是患过重病幸而痊愈者、言行异常的精神病者、癫痫病患者、身体或智力不健全者、能言善道者，其中以重病痊愈者居多；二是女性，即使以男性充任，往往也要男扮女装、男作女态、男言女声，这说明萨满和母系氏族社会有密切关系。见秋浦《萨满教研究》，第141页。

② 富育光、孟慧英：《满族萨满教研究》，北京大学出版社，1991，第175页。

③ 富育光、孟慧英：《满族萨满教研究》，北京大学出版社，1991，第179~180页。其实，萨满教的天穹古谕是绚烂多彩的，其中最普遍的是九重天的观念。"九"是萨满教的神圣数字，在满族等北方民族萨满神谕中，普遍用九来估量宇宙广度，出现了九重天的观念（《满族萨满教研究》，第178页）。而《史记·封禅书》云："九天巫祠九天。"恐怕也受到萨满教的影响。至于萨满教三界及九重天的观念也表现在南楚文化中，如《楚辞·离骚》云："指九天以为正兮，夫唯灵修之故也。"《楚辞·招魂》云："魂兮归来，君无上天些。虎豹九关，啄害下人些。"王逸注："天门凡有九重，使神虎豹执其关闭，主啄篡天下欲上之人而杀之也。"这是与萨满教相同的九重天观念。《招魂》又云："魂兮归来，君无下此幽都些。土伯九约，其角觺觺些。"王逸注："其地有土伯，执卫门户，其身九屈，有角觺觺，主触害人也。"这个土伯大概是幽都暗界的魔怪。另外，如1972年出土长沙马王堆一号汉墓的"非衣"帛画上，也表现了天上、人间、地下三界的内容（这是俞伟超的意见，参见《座谈长沙马王堆一号汉墓》，《文物》1972年第9期）。现在还没有充分证据说明萨满文化影响了南楚文化，但从萨满文化区分布之广泛来看，萨满信仰中一些古老的基因极有可能已融入中原及南楚文化。

"萨满式"文明。在萨满的世界观中,生人与神鬼,有生命与无生命者,氏族中活着与死亡的成员,都分别存在于同一宇宙的不同层次中,其中最主要的层次就是天与地,所以沟通天地两层世界,就成为远古宗教祭祀、仪式规范所要达到的目的①。

由以上对萨满所作的介绍,可以用来参照并说明上引《山海经》及《淮南子》二书中的各例,其实即是萨满巫师上下天地、沟通神人之仪式的表述。至于《离骚》中主人翁的飞天远游与萨满巫师的魂游天地之间,则具有一种因袭、蜕变、再造的关系,如《离骚》中的主人翁飞天神游时,必须准备珍馐琼汁及当做精米的玉粉,以备不时之需。此外,他上叩天门时,也必须掌握并呼唤出帝阍神使的名称,始能顺利进入天门。再者,当他要渡过流沙赤水时,就必须命令蛟龙弓起背脊作为桥梁,并召唤西皇帮他渡涉和飞行。以上这些都可视为魂游所必须遵守的民俗规定,以及必须履行的仪式程序,也即是《离骚》中的神游远逝对萨满的魂游天地仪式因袭、承继的一面②。

另外,魂游仪式在本质上仍属于初民原逻辑的思维作用(如互渗原理、交感心理、类似联想、随机对位、无机牵合、任意延伸等);至于在魂游基础上生发而出的神游文学,则多以神话为题材,具有神话思维的逻辑。例如,《离骚》中的主人翁是高阳太阳神的子裔,并在主日的摄提(重华)之星进入主月的陬訾(常仪)之宫这一吉辰降生的,由于他禀赋日月之精华、兼具天地之内美,故名为正则、字曰灵均;他可以亲就其精神远祖——大太阳神重华而倾诉心中委屈,并冀望得其允诺;他又能够令羲和弭节、使望舒先驱、命飞廉

---

① 而巫觋正负起沟通天地的任务。当巫觋通天地时,必须借助法器和巫术才有能力飞行于天地两界之间,所谓的法器和巫术包括圣山、神木、动物、龟筮、食物酒酱、歌舞音乐等,参见张光直《古代中国及在人类学上的意义》,《史前研究》1985年第2期。
② 萧兵:《楚辞的文化破译》,湖北人民出版社,1991,第1133页。

奔属，鸾皇、雷师也都供其差遣；于是他登昆仑、游悬圃、折若木、望崦嵫，盘桓翔游在日月出入的昆仑（宇宙轴）之上，这些都是所谓神话思维的逻辑。① 因此，可以这么说：《离骚》中之神游乃是将萨满魂游的自发性、原始性、偶然性、盲目性的生活经验形态，蜕变、再造成自觉性、成熟性、目的性、思想性的文学幻想形态。

更重要的一点则是，在原始萨满飞升沟通天地两层世界的职责中，具有远古巫师为部族、氏群所遭遇到的灾厄、困境寻求过渡、解脱，使部落、氏群恢复信心与希望，以继续面对未来生活的重要意义。从上引《山海经》及《淮南子》二书中的例子——十巫自灵山升降，求得不死之药；夏后开上嫔于天，求得《九辩》和《九歌》中的天乐——可以推想，这两则故事一如鲧自天帝处盗得"息壤"的故事一样②，都具备了"升天、追寻、历险、寻获"的神话原型；而且不论他们从天庭处所寻获的是不死药、天乐或息壤，其目的应该都是为了氏族、部落在现实生活中所遭遇到的困顿与灾难，谋求过渡、解决之道。

因而《离骚》中的神游天际，也可以纳入这类"升天、追寻、历险、寻获"的神话原型中来看待；只是在这里，原始社会生活中的萨满巫师已被原始文学幻想中的神话英雄所取代。《离骚》主人翁飞天神游的目的在于求女，他希冀借由飞天求女仪式，一方面解决楚国族群日益倾覆、败灭的危机；另一方面，他也欲借此巫术化、仪式化的重新改造、界定自我之行为，突破自身生命所遭遇的困局。因此，《离骚》中的飞天求女仪式对于主人翁个人而言，就像是远古社会的过渡（过关）仪式般。李丰楙曾指出，（《离骚》中的主人翁）

---

① 萧兵：《楚辞的文化破译》，湖北人民出版社，1991，第1131、1133页。
② 《山海经·海内经》载："鲧窃帝之息壤，以堙洪水。不待帝命。"

对于死亡危机的逃避、困厄环境的希求解脱，在经历一连串的奇遇之后（飞升巡游），能使烦恼、迷惑的心灵净化，因而得到彻悟，使其生命成熟而清明，凡此即为仙境游历说的"出发—历程—回归"的原始类型，表达了民族文化心理中共同的生命观照。① 的确，《离骚》中"路漫漫其修远"，"路修远以周流"，"路修远以多艰"等巫术性语言，似暗含着历险、追寻的艰难历程。或许正由于此种艰难历程，使得《离骚》主人翁飞天求女的结果终归失败（亦即未能"寻获（回归）"），这似可看成是屈原对"升天、追寻、历险、寻获（回归）"之古典神话原型的一种解构，而其实质意义则是，《离骚》主人翁终未有能力解决楚国及自身日益窘迫的危机。

综上所述，在《离骚》"飞天"、"求女"的过渡（过关）仪式当中，不但积淀着古老巫术、神话的集体无意识，更饱含有作者强烈的自我意识与生命情感，这或许是屈原再造古代传统最重要的因素。屈原即以此种强烈的自我意识与生命情感，巧妙地结合、推进了"飞天"及"求女"两个神话母题，由此丰富了《离骚》中原始文化的蓄含能量。因而，接下来就不得不对《离骚》中的三次"求女"作一详细的研究。

## 三 《离骚》"求女"的结构性安排

在对《离骚》结构层次的分析当中，尽管历来学者提出了各不相同的观点，但于《离骚》结构上一个最重要的特征，意见却是基本一致的。那就是：一方面，在诗篇的前半部分——从篇首到"岂

---

① 李丰楙：《误入与谪降——六朝隋唐道教文学论集》，（台湾）学生书局有限公司，1996，第314页。

余心之可惩",乃侧重于现实的描述,如自述祖系、志向、经历,以及对楚国当时社会状况的描写,深刻地揭露出楚国上层阶级在即将崩溃前夕的腐败、贪婪情状,并细致地描绘出一位刚正不阿、志节高尚的贵族诗人,在如此落败的氛围下,所怀抱的郁积愤懑及所经历的坎坷路途,诗篇逼真地展示出社会现实的基本面貌和特征,从而体现出强烈的现实主义精神;另一方面,在诗篇的后半部分——从"女嬃之婵媛兮"到篇末,则侧重于想象的升华,如上叩帝阍、广求神女、驾龙驭凤、遨游神界,表达了诗人在现实世界中痛苦绝望、找不到出路以后,转而在艺术的幻想世界中寻求解脱,追求理想,从而体现出强烈的浪漫主义精神。① 因而,《离骚》全篇分为现实与幻想两大段落是很明显的。

关于《离骚》后半篇的幻想部分(即第二大段落),前文曾提及其中三次上下飞行、神游求女的结构、布局相当严谨,并说第一次飞天远游的目的在于升登进入天门,然终为帝阍所拒②;但其后却又认为三次飞天远游的目的都是"求女",这是否有矛盾呢?这里问题出在以下几句诗句上:

吾令帝阍开关兮,倚阊阖而望予。时暧暧其将罢兮,结幽兰而延伫。世溷浊而不分兮,好蔽美而嫉妒。③

---

① 赵明主编《先秦大文学史》,吉林大学出版社,1993,第454页。
② "为帝阍所拒"或许也属于英雄历难过程之一环吧?至于帝阍为何不开天门,萧兵从民俗学的角度考察,认为是主人翁未能直斥帝阍的名号,或参透天门口诀的秘密,因此不能役使帝阍为其启门、通报(参见萧兵《楚辞的文化破译》,第147~148页),此说似有过于引申之嫌。笔者以为实由于天色已暗,城门关闭,主人翁没有天帝特许的通行令,所以帝阍"倚阊阖而望予"。
③ 第一次飞天远游是从"朝发轫于苍梧兮,夕余至乎悬圃"到"世溷浊而不分兮,好蔽美而嫉妒"所写的一大段,其中着力描绘出主人翁由宇宙之轴(通天之道)昆仑丘飞升至悬圃,又从悬圃飞登至太帝之居时,其扈从仪仗之盛大的场面。

王逸注曰:"言己求贤不得,疾谗恶佞,将上诉天帝。"王逸认为,帝阍乃看守天门的人,进天门自然是要向天帝倾诉了。可是不要忘了,《离骚》中的主人翁是向舜"跪敷衽以陈辞"、尽情倾吐心中苦衷,并得到舜的认可、许诺(既得此中正)之后,才开始其飞天远游历程的,所以这里实不必再去向天帝诉苦;更重要的是,诗篇并没有明白说出他欲进天门,是为了面见天帝、倾诉衷肠。因此,这里欲进天门的目的,就容许有其他的想法。(明)徐焕龙注此句云:"空际求索无门,未知何方有女。"① 似乎认为进天门是为了求女,但语焉未详。倒是闻一多在《离骚解诂》中对此有非常详细的如下解说。

自此以下一大段,皆言求女事,此二句若解为上诉天帝,则与下文语气不属。下文曰:"时暧暧其将罢兮,结幽兰而延伫。世溷浊而不分兮,好蔽美而嫉妒。"详审文义,确为求女不得而发。"结幽兰而延伫"与《九歌·大司命》篇"结桂枝兮延伫,羌愈思愁人"、《九章·思美人》篇"思美人兮,擥涕而伫眙,媒绝路阻兮,言不可结而诒",语意同。结幽兰,谓结言于幽兰(详下),将以贻诸彼美,以致钦慕之忱也。"世溷浊而不分兮,好蔽美而嫉妒。"与下文"世溷浊而嫉贤兮,好蔽美而称恶",语意又同。彼为求有虞、二姚不得而发,则此亦为求女不得而发也。然则此之求女为求何女乎?司马相如《大人赋》曰:"排阊阖而入帝宫兮,载玉女而与之归。"以此推之,《离骚》之叩阊阖,盖为求玉女矣。②

---

① 游国恩主编《离骚纂义》,中华书局,1982,第280页。
② 闻一多:《离骚解诂·甲》,载《闻一多全集》第五册,湖北人民出版社,1993,第267~268页。

这里闻氏以相同句式、文义的两句"世溷浊……好蔽美……"相互参照，认为后句既然是"为求有虞、二姚不得而发"，则前句亦当"为求女不得而发"，确显出闻氏的慧眼与卓见。闻氏又云："盖楚俗男女相慕，欲致其意，则解其所佩之芳草，束结为记，以贻其人。结佩以寄意，盖上世结绳以记事之遗。"① 这是古代男女相恋，互以花结赠物表示心意及契约的风俗。因此，《离骚》主人翁手持幽兰花结站在天门外痴痴等待（"结幽兰而延伫"）的对象自然不能是威仪赫赫的上帝，而只能是窈窕多姿的天上玉女了。从而第一次飞天远游、升登天门的最终目的是寻求天上的玉女，然而终无所获，使得他不得不展开第二次飞天四度求女。

从"朝吾将济于白水兮，登阆风而绁马"至"闺中既以邃远兮，哲王又不寤。怀朕情而不发兮，余焉能与此终古"一大段，皆是描写第二次的飞天寻求，这是《离骚》全篇堪称最难索解的一段。作者在这里花了极大的篇幅与力气明白写出主人翁的四度求女未果，由此也可以推知第一、三次飞行所未明白道出的"求女"目的。

第二次飞天的四度求女，又可再分为两个层次：

第一层：朝吾将济于白水兮，登阆风而绁马。忽反顾以流涕兮，哀高丘之无女。（第一度求女）

第二层：溘吾游此春宫兮，折琼枝以继佩。及荣华之未落兮，相下女之可诒。（第二、三、四度求女）

这里我们必须先弄清楚《离骚》主人翁飞天远游时的路线，他在第一次飞天时曾云"驷玉虬以乘鹥兮，溘埃风余上征"，其"上征"的路

---

① 闻一多：《离骚解诂·甲》，《闻一多全集》第五册，湖北人民出版社，1993，第268页。

线是由苍梧到达通天轴（即通天的孔道）昆仑丘，再顺着昆仑丘上升至凉风之山、悬圃，然后再上登至太帝之居①，欲入天门以求玉女。在求玉女未果后，他于次一天的早晨由太帝之居折回，此后的飞行路线是一路"下降"，先由太帝之居降至"饮之不死"的神泉"白水"②，再由"白水"下降至悬圃、凉风（即阆风）之山。在凉风（阆风）山上，他反顾楚国高丘，想找寻神女芳踪，但神女来如朝云、去如暮雨，芳踪杳杳③，因此他涕泗纵横、"哀高丘之无女"（而整个上征、下行的路线正是所谓"路漫漫其修远兮，吾将'上下'而求索"）。

第二次飞行的第一层（也是首度）求女，即在"哀高丘之无女"的涕泪声中宣告失败，主人翁虽然流涕哀伤，却更加坚定其求女的心志及毅力，于是有了接下来的第二层三度求女行动。"折琼枝以继佩"、"相下女之可诒"，这仍属一种赠物示爱、求婚契约的母题。问题是出在"相下女之可诒"的"下女"上。

朱熹以"下女"谓神女之侍女，汪瑗、徐焕龙等从之④，此说值得商榷。实则，"下女"应如蒋骥所云："指下虚妃诸人；对高丘言，故曰下。"⑤ 如果前述主人翁在这时飞行的路线是一路"下降"的讲法无误，那么这里的"下"，应是"下界"之意，当是相对于第一次飞行求女时"或上倍之"的凉风（阆风）、悬圃、太帝之居等"上

---

① 《淮南子·地形训》："昆仑之丘，或上倍之，是谓凉风之山，登之而不死；或上倍之，是谓悬圃，登之乃灵，能使风雨；或上倍之，乃维上天，登之乃神，是谓太帝之居。"
② 即源出昆仑巅的黄河，"黄河之水天上来"，其源清澄不浊，故称"白水"。"朝吾将济于白水兮"句，王逸注："《淮南子》言，白水出昆仑之山，饮之不死。"（《离骚纂义》第287页）但查今本《淮南子》并无此说，今本《淮南子·坠形训》云："疏圃之池，浸之黄水，黄水三周复其原，是谓丹水，饮之不死。"王念孙云："丹水本作白水，此后人妄改之也。"见《读书杂志》九之四。
③ 王逸注曰："楚有高丘之山"（《离骚纂义》，第289页）。又《文选·高唐赋》载巫山神女之言曰："妾在巫山之阳、高丘之阻，且为朝云，暮为行雨。"
④ 并见《离骚纂义》，第297～298页。
⑤ 《离骚纂义》，第298页。

界",以及第二次飞行的第一层(首度)求女时之"高丘"(或者可以称作"中界")而言的。

因此,"下女"实即下界之女,指宓妃、有娀女、二姚三者而言。闻一多曾经指出:

> 帝宫之玉女既不可求,高丘之神女复不可见,故翻然改图,求诸下女。"及荣华之未落兮,相下女之可诒",下女者,谓宓妃、简狄及有虞之二姚,此皆人神,对帝宫、高丘二天神言之,故曰下女耳。①

由是,第二次飞行的第二层求女——"相下女之可诒"中,又包含着三度求女(若以第一层求高丘之女算首度,则这里是第二、三、四度求女):

1. 求宓妃之所在
2. 见有娀之佚女
3. 留有虞之二姚

而在这三度求女的叙述、描绘中,可以由以下五点加以分析、说明。

第一,在"求宓妃之所在"失败后,以"览相观于四极兮,周流乎天余乃下"一句作为过渡,进而展开"见有娀之佚女"的二度追寻;又在"见有娀之佚女"失败后,以"却远集而无所止兮,聊浮游以逍遥"一句作为过渡,进而展开"留有虞之二姚"的三度追

---

① 闻一多:《离骚解诂·甲》,载《闻一多全集》第五册,湖北人民出版社,1993,第268页。

寻。而两个作为桥段的过渡句,其意虽在"上下以求索",然其追求的目标总是在下界的。

第二,在"留有虞之二姚"宣告失败后,以"世溷浊而嫉贤兮,好蔽美而称恶"一句作为第二次飞行的两层四度求女破灭的总结语,并与第一次飞行求女破灭的总结语——"世溷浊而不分兮,好蔽美而嫉妒"遥相呼应。至于以下的"闺中既以邃远兮,哲王又不寤。怀朕情而不发兮,余焉能与此终古"四句,则可看成是对于两次飞行五度求女的总结。

第三,主人翁在求下界女子时不同于求太帝之居的上界玉女及楚高丘的中界神女,他必须遵照人间婚配的仪节,亦即必须具备人间媒理的礼数,于是"求宓妃之所在"则"令蹇修以为理","见有娀之佚女"则"令鸩为媒",后又命"雄鸠鸣逝";而"留有虞之二姚"则叹"理弱而媒拙"。

第四,虽然主人翁具备了人间媒理的礼数,但他三度求女,仍然三度失败,其失败的原因又各不相同。"求宓妃之所在"时,虽有蹇修这个好良媒①,却由于宓妃"纷总总其离合"、"忽纬繣其难迁"、"保厥美以骄傲"、"日康娱以淫游"、"虽信美而无礼"等缺点,实不合主人翁心中"美人"的形象及标准②,因此主人翁"来违弃而改求",转而另求"有娀之佚女"。但在"见有娀之佚女"时却错用了媒理,他竟派遣爱进谗言的鸩鸟③,及言语、行为佻巧的雄鸠前往,

---

① 章太炎《菿汉闲话》云:"蹇修为理,谓以声乐为使,如《司马相如传》所谓以琴人挑之。《释乐》'徒鼓钟谓之修,徒鼓磬谓之蹇',此蹇修之义也。"参见何剑熏《楚辞新诂》,四川人民出版社,1984,第40页所引,又何文并对"蹇修"作为以声乐为使的良媒,有更详细的讨论。
② 主人翁心中的"美女"应具有三项标准:一是先天赋予之美质;二是外表形体容貌之美;三是后天修能、行为的美。宓妃虽具备前两项,却缺少第三项。
③ 王逸注曰:"鸩,运日也。羽有毒,可杀人,以喻谗佞贼害人也。言我使鸩鸟为媒,以求简狄,其性谗贼,不可信用,还诈告我言不好。"《离骚纂义》,第324页。

终被高辛氏以高贵的凤凰为媒理①，聘得简狄。

第五，经历了前番连续的求女挫折，主人翁似乎越来越缺乏自信了，这种自信心缺乏就在"留有虞之二姚"的"理弱而媒拙兮，恐道言之不固"中呈现出来。五度求女，五度失败，主人翁最终不得不唱出"闺中既以邃远兮，哲王又不寤。怀朕情而不发兮，余焉能与此终古"，如此沉痛的抗议！又如此凄凉的哀鸣！第一、二次飞行的五度求女也就在如此强烈的抗议及哀鸣声中结束。

至此，主人翁已连续经历了五度的失败，下一步又将如何呢？他彷徨无依，又迟疑无助。疑则问卜，于是灵氛之占卜、巫咸之降神，就成为治疗主人翁内心矛盾、痛苦、挣扎的最佳药剂。灵氛占曰"思九州之博大兮，岂唯是其有女"，又曰"何所独无芳草兮，尔何怀乎故宇"。"是"指的是"太帝之居"、"楚高丘"、"穷石、洧盘"、"瑶台"、"有虞"等地；而"女"自然指的是第一、二次飞行求女的对象——天庭玉女、高丘神女、宓妃、简狄、二姚等。灵氛之言在劝主人翁飞越九州，向宇外求女；换句话说，也就是他必须务实、理性地接受楚国现实腐败政局的不可为（理想中的美女无法求得），然后毅然斩断对血缘、故土的深深依恋情感，远逝他国异域，这样必能寻得理想中的美丽新世界。

听了灵氛之言，主人翁有些动摇，不再那么坚持、固执了，他"欲从灵氛之吉占"而远逝他乡，但内心仍"犹豫而狐疑"，于是再

---

① 以上鸠鸟、雄鸠、凤凰皆属鸟媒，杨牧在《说鸟》一文中认为帝喾（高辛）化身为凤凰，诱爱简狄，使其怀孕生契，并举出希腊神话中天神宙斯化身为天鹅，使美女丽达受孕生海伦的故事作比较。又认为鸠鸟在中国经籍中常作为爱情、爱欲的匹鸟象征，也举出爱德曼·史宾塞《仙后》中的斑鸠作比较，参见杨牧《传统的与现代的》，（台北）志文出版社，1974，第111~117页。又清代《楚辞》注家也注意到了鸠作为鸟、媒并善变的现象，谢济世云："鸣鸠，雄者尤善鸣，人常养为媒，以诱他鸠。然晴则呼雌，雨则逐之，故恶其佻巧。"《离骚纂义》，第328页。

求巫咸降神，寻求建议。巫咸降曰"勉升降以上下兮，求矩矱之所同"，其意仍在劝他远逝异域。这两次对话反映出主人翁对楚国现实政局的失望至极；但在他心灵深处，却对自己所源出的楚国氏族血统依然眷恋，主人翁内心巨大的矛盾、痛苦、挣扎正是由此二者（失望与眷恋）的对立而来。现在，他心灵已破碎得不堪再负荷如此沉重的悲怨了。离开吧！远走吧！他接受了灵氛及巫咸的建议，开始了第三次飞行求女前的准备。

"和调度以自娱兮，聊浮游而求女。及余饰之方壮兮，周流观乎上下"①，一旦有了明确的抉择，主人翁的步伐是多么轻快、富有节奏呀！于是他备齐羞粮、车驾，"何离心之可同兮，吾将远逝以自疏"，以下的"遭昆仑"、"发天津"、"至西极"、"行流沙"、"遵赤水"、"路不周"、"期西海"等，皆是想象中"远逝自疏"所行经的路线。这次飞行他希望到达西极、西海以求女，"西极"、"西海"是昆仑宇宙的延伸及扩展，它是位于宇外（即九州之外）的一个极乐园。②而其间路途的"修远多艰"，亦是可以预期的。但当主人翁想到那如梦如幻般的世外乐园时，不由得"抑志而弭节兮，神高驰之邈邈。奏九歌而舞韶兮，聊假日以偷乐"起来；而正当他"陟升皇之赫戏"，陶醉在远游的恣意快乐之时，蓦然回首，"忽临睨夫旧乡"，原乡的呼唤是那么的强烈，以致他"仆夫悲余马怀兮，蜷局顾而不行"，第三次的飞天求女即戛然停止。其间文势的跌宕、变幻，与情感的起伏、波动相为表里，显现一种神奇而不可测度的风采。

---

① "和调度以自娱兮，聊浮游而求女"句，钱澄之注云："浮游求女，随其所遇，不似向者之汲汲于所求也。向者志在求女，而浮游皆属有心；此则志在浮游，而求女听诸无意。"《离骚纂义》，第443页。
② 萧兵：《楚辞的文化破译》，湖北人民出版社，1991，第166~168页。

## 四　求女喻义求君（大母神原型①）
## ——以解决楚国族群困境

从上文的讨论可知，《离骚》后半篇（即第二大段）三次上下"飞行"，其目的皆在"求女"；而接下来就必须探讨《离骚》中的"求女"到底意味着什么？关于《离骚》的"求女"，历代诸家解释众说纷纭，归纳众说可得以下几种说法：

1. 求贤臣（王逸《楚辞章句》）
2. 求贤君（朱熹《楚辞集注》）
3. 求楚君臣（张惠言《七十家赋钞》）
4. 求理想政治（汪瑗《楚辞集解》）
5. 求贤后妃（赵南星《离骚经订注·跋》）
6. 求秦楚婚姻相亲（黄文焕《楚辞听直·合论·听女》）
7. 求通君侧之人（梅曾亮《古文辞略》）
8. 不主故常，随文生训（龚景瀚《离骚笺》)②

以上各家的诠释有的失之穿凿附会，有的失之过于求深，总括"求女"的喻义可以归类为"求贤臣说"与"求贤君说"两种类型，而其他各种说法皆由此二说派生出来。

至于以上二说何者较接近实情呢？笔者认为，想要探讨"求女"

---

① 此处的原型（archetype），是采用荣格"集体无意识"的学说，简单地说，指的是从远古时期积淀下来的一些具有特殊烙印的形式。
② 廖栋梁：《古代离骚求女喻义诠释多义现象的解读》，《辅仁学志·人文艺术之部》第27期，第3~10页。又，这里所列举的只是有较多人支持的说法，还有许多说法并未列入，如（清）徐文靖"求家室说"。

的喻义，必须从屈原的生平与《离骚》的内容两方面进行互相参照的研究，其实这也是古代大多注家所运用的方式。① 从这两方面目前所累积的资料及所达到的研究水平来看，笔者认为"求女"喻义最有可能的是"求君说"，理由有以下几点。

1. 从《离骚》全篇充满悲苦、怨伤、愤怒的情感，又具有相当程度的忧患感及危机感来看，《离骚》最可能作于楚怀王十六年屈原初次被疏且流放汉北之时。而其最迟也应完成于被疏、流放后不久，即张仪诓楚、楚王中计、楚国危急，直至怀王十七年，楚师大败于丹阳、蓝田这段时期。② 此时的楚国正面临着内忧外患的局面，而其政治动荡的关键因素正是楚怀王。因此，《离骚》一篇中对怀王是"三致志焉"，太史公在《史记·屈贾列传》里已指出这个关键点：

> 屈平既嫉之，虽流放，眷顾楚国，系心怀王，不忘欲返，冀幸君之一悟，俗之一改也。其存君兴国，而欲反复之，一篇之中，三致志焉。然终无可奈何，故不可以反，卒以此见怀王之终不悟也。

而"求女"既是《离骚》全篇的关键点，其喻义自然在喻求怀

---

① 廖栋梁认为："大抵各家疏解，都是根据他们对屈原生平的了解。其次对诗旨的解释，一般只能从文义上去推测玩味。而玩味所得，因各人对屈原行事和心境之理解不同，亦遂杂然不齐，有些说是喻贤臣的，有些说是喻贤君的。这样的训解差异，其实正显示了古代《楚辞》学者理解屈原及其作品的困难——一个方法学上的难题。"笔者认为要想揭明"求女"的喻义，仍必须从屈原生平及《离骚》诗旨（包含作时）入手，舍此别无他法。而经过历代前辈学者的努力，"求女"喻义实不出"求贤臣"与"求贤君"二说。相信在对屈原生平及《离骚》诗旨愈加深入研究，达至愈多共识时（在考古资料的大量出土，及民俗学、神话学知识的帮助下），"求女"喻义终有河清之日。
② 萧兵：《关于离骚创作动机和时机的辩论会》，《求索》1982年第3期。

王之一悟，改变成为一位明君，以扭转错误的治国政策，进而领导楚国扭转内忧外患的时局。

2. 在"昔三后之纯粹兮"至"伤灵修之数化"一段中，前十二句首先以贤明之君与昏庸之君对比，指出国君贤明，国家自然走上正道；若国君昏庸，国家则会误入邪途。接着指责党人偷乐使国家误入险途（这里未明指国君错误是一种为尊者讳的说法，下文亦如是）。以下又十二句更表明忠于国君的心迹，因国君"信谗而齌怒"，自己才"指九天以为正"；因国君"悔遁而有他"，自己才"伤灵修（国君）之数化"；自己身陷巨大灾祸当中，都是"夫唯灵修（国君）之故也"。

这一段是在开头叙述生平经历后，接着讲自己的理想抱负及革新失败的遭遇，在全篇有开宗明义的作用。其中已凸显出主人翁（以屈原自身为蓝本）完全是从他与君王（以怀王为蓝本）的关系上考虑自己行为的思想主轴，这已为自己以后的去留和最终归宿埋下伏笔。① 主人翁爱国理想的具体表现就是至死不渝的忠君行为，这反映出战国其时的楚国，君、国乃二位一体，忠君与爱国密不可分，因而爱国理想必须通过忠君行为来实现②。

战国时代乃中国专制政治体制逐渐成形的时代，其时国君有完全主导一国政治、政策良窳的绝对权力，国家政事成为君主之私事，大臣不过是君主的高级家仆，甚至人民也被君主看成是私产，此即谓"天下为私"③。战国时代之君主既为国家政治之枢机，欲行良政的关

---

① 如洪兴祖《楚辞补注·离骚经章句第一叙》注云："古人有言：杀其身有益于君则为之。屈原虽死，何益于怀、襄？曰：忠臣之用心，自尽其爱君之诚耳。"
② （宋）朱熹《楚辞集注·目录》有云："原之为人，其志行虽过于中庸而不可以为法，然皆出于忠君爱国之诚心。"
③ 吕思勉曾云："古所谓国，诸侯之私产也；所谓家，卿大夫之私产也。故古言国家，义与今日大异。"《先秦史》，上海古籍出版社，1982，第451页。

键仍在于君之一悟。若"求女"为求贤臣（或志同道合者）而非求明君，就不能彻底改变国家的政治情况。因此，反复飞天求女亦是"夫唯灵修之故也"，"求女"喻义必为求贤君无疑。

3. 在第二次飞行第二层的三度"求女"中，求宓妃、娀女与二姚皆为求君（怀王），其中的差别在于求宓妃为求现实生活中的怀王，而求娀女、二姚为求理想中的怀王。借着宓妃与娀女、二姚的对比，凸显了作者强烈的好恶情感。

在宓妃身上，藏有楚怀王的影子——反复无常、捉摸不定、好矜不让，康娱淫游、信美无礼，楚怀王虽非如桀纣般的暴君，却是个十足昏庸之君。① 以致主人翁违弃而改求娀女及二姚。有娀之佚女及有虞之二姚是作者心目中理想的君王典型，也是他所期待于怀王的形象，但无良媒代为结言（良媒在此比喻无友好代为通君侧，暗指怀王左右皆为党人围绕，以致被其蒙蔽）。于是结局只有陷入"欲远集而无所止"的困境。上下求索，一事无成，主人翁终不得不发出"怀朕情而不发兮，余焉能忍与此终古"的悲叹。

4. 《离骚》于第一、二次飞天五度求女未果之后，总结云："闺中既以邃远兮，哲王又不悟。怀朕情而不发兮，余焉能忍与此终古。"此处以闺中之女与朝中哲王对举，"求女"喻求君十分明显。

5. 主人翁在求巫咸降神时，巫咸降曰："勉升降以上下兮，求矩矱之所同。"可以看出飞天求女即在"求矩矱之所同"，何谓"求矩矱之所同"？当即下文所举的明君（如汤、禹、武丁、周文王、齐桓公等）与贤臣（如伊尹、皋陶、傅说、吕望、宁戚等）相遇合之例。在汤、禹之君与伊尹、皋陶之臣相遇合之例，及武丁、周文王、齐桓公等国君与傅说、吕望、宁戚等臣子相遇合之例之间，巫咸又有两句

---

① 周建忠：《楚辞论稿》，中州古籍出版社，1994，第31~34页。

话颇值得注意:"苟中情其好修兮,又何必用夫行媒?"指的是傅说、吕望、宁戚等皆中情好修者,自有贤君会来赏识,不需国君左右之人的荐达。① 言下之意也赞许主人翁离国去乡,其中情好修,自然明君与贤臣得以遇合,而有一展才能、理想的机会。主人翁从其劝告,于是在第三次飞天时才"和调度以自娱,聊浮游而求女",并不是那么急迫、积极地去求女(求君)。因此,主人翁"勉升降以上下"的飞天求女之旅程,是比喻"求矩矱之所同",亦即比喻以贤臣身份求明君(第一、二次是积极地求楚怀王之一悟,第三次则是消极地求天下有明德之君,此可参看下文第6、7点)。

6. 主人翁第三次飞天求女是去国远逝以求明君。春秋战国时期,明君养士或良臣择主之风鼎盛,楚材晋用、朝秦暮楚成为社会流行的趋势,许多著名的政治家、军事家、思想家(如商鞅、吴起、荀卿等)都是经由周游列国、遇到赏识他们的君主才得以伸展其才能、抱负的。因此,在怀才不遇、有志难伸的屈原心中,当然时常出现远适他邦、寻求明君的念头。② 但当主人翁"陟升皇之赫戏"时,忽"临睨夫旧乡",以致"仆夫悲余马怀兮,蜷局顾而不行"。林云铭曰:"以上叙宗国世卿无可去之义,一触目间,西海不能到,偷乐不能终,而远逝自疏之举,徒成虚愿。总是忠君爱国之心,郁结不解,除死之外,无第二条路也。"③ 主人翁最终仍是心系君王,不忘欲返,而未曾去故国、游诸侯、求明君,这实乃因其强烈的宗国意识使然。④

---

① 王逸注:"行媒,喻左右之臣也。言诚能中心常好善,则精感神明,贤君自举用之,不必须左右荐达也"(《离骚纂义》,第392页)。
② 太史公于《史记·屈贾列传》也曾发出"又怪屈原以彼其材游诸侯,何国不容?而自令若是"的诘问。
③ 游国恩主编《离骚纂义》,中华书局,1982,第494页。
④ 郭杰:《屈原新论》,吉林大学出版社,2006,第62~69页。

7. 综上所述,《离骚》前后三次飞天求女之喻义皆为求君,前两次为求怀王之终一悟,第三次则在对怀王之终一悟彻底失望后,转而欲求天下之明君。三次"求女"皆喻求君,所求之君的内容有所不同,求君的态度也有差别。

以上七点是从屈原生平及《离骚》内容两方面,来说明"求女"喻义求君,但并未解决为何屈原会运用"求女"这一神话母题来喻义求君,而不是运用其他的神话母题,这个问题关系"求女"与"求君"间的神话思维特征问题。因此,有必要转换一个角度,从民俗学、神话学的方法来看待这个问题,或许能得到更多的启发。

《诗经·关雎》云:"窈窕淑女,君子好逑。"《诗序》云:"是以《关雎》乐得淑女以配君子,忧在进贤不淫其色;哀窈窕,思贤才,而无伤善之心焉。是《关雎》之义也。"《关雎》以君子求淑女比喻周王求贤(良)士①,这是用男女相恋之情比喻君臣对待义(以思色喻思臣,进而以思色喻思德、思礼),颇可用来作为《离骚》的参照项。在《关雎》中,男尊女卑、君尊臣卑的意识已然确定,此乃有周一代封建礼制制度下的产物,由此形成《关雎》诗中以男喻君上,以女喻臣下;"男、君、上"与"女、臣、下"形成一组相对固定的意识形态词汇。从而《关雎》诗中的男求女,只能喻君思臣,而不能喻臣思君。但是《楚辞》则不然,《楚辞》中包含大量的原始文化因子,它还没有那么浓厚的父权意识,因此,《离骚》中所求之"女"就与《关雎》不同,"女"能喻君。

这种以女比喻君的手法可从以下两方面详加探究:(1)原始婚媾的宗教性、神秘性——主要是以原始生殖崇拜为核心,即后世经学家称之为高禖,而文化人类学家称之为神(圣)婚者。(2)原始女

---

① 详细讨论可参见翟相君《诗经新解》,中州古籍出版社,1993,第18~22页。

性崇拜，即大母神崇拜及史前维纳斯崇拜。

首先，请看第一点：原始婚媾的宗教性、神秘性（即祭祀高禖的古俗①）。

祭祀高禖的古俗，可溯源自先民祈求人口繁衍及祝祷五谷丰登的风俗。前者属于人类自身的生产，后者则是人类生活所必需的食物之生产，这就是恩格斯所说的"两种生产"：

> 历史中的决定性因素，归根结底是直接生活的生产和再生产。但是，生产本身又有两种：一方面是生活资料，即食物、衣服、住房，以及为此所必需的工具的生产；另一方面是人类自身的生产，即人的繁衍。一定历史时代和一定地区内的人们生活于其下的社会制度，受着两种生产的制约：一方面受劳动的发展阶段的制约；另一方面受家庭的发展阶段的制约。劳动愈不发展，劳动产品的数量，从而社会的财富愈受限制，社会制度就愈在较大程度上，受血族关系的支配。②

在愈原始、愈不发达的社会中，食物生产与人口繁衍两种生产之间，联系、补充、制约、渗透、比拟的关系愈加密切，而且是以后者（人口繁衍）为主导一方的。这种现象就表现在初民相信男女交合（人口繁衍）能够促进作物（食物生产）的丰产；从神话思维特征的角度说，这就是基于类比心理（同类相生、果必同因）的模仿巫术（顺势巫术），这种巫术心理和行为在以农业为主的社会中最常见到，如〔英〕弗雷泽曾说：

---

① 关于祭祀高禖的古俗请参见拙著博士论文《高唐赋的民俗神话底蕴研究》，第91～115页。
② 恩格斯：《家庭、私有制和国家的起源》第一版序言。

我们未开化的祖先把植物的能力拟人化为男性、女性，并且按照顺势的或模拟的巫术原则，企图通过以五朔之王和王后，以及降灵新娘、新郎等人身表现的树木精灵的婚嫁，以促使树木花草的生长。因此，这样的表现就不仅是象征性的，或比喻性的戏剧，或用以娱乐和教育乡村观众的农村的游戏。它们都是咒法，旨在使树木葱郁，青草发芽，谷苗茁壮，鲜花盛开。我们会很自然地认为，用树叶或鲜花打扮起来，模拟树木精灵的婚嫁愈是逼真，则这种咒力的效果就愈大。相应我们还很可以假定，那些习俗的放荡表现并不是偶然的过分行为，而是那种仪式的基本组成部分，根据奉行这种仪式的人的意见，如果没有人的两性的真正结合，树木花草的婚姻是不可能生长繁殖的。①

原始农业的巫术孕育仪式，在民间是以男神与女神婚配的宗教礼仪形式流传下来，这种仪式就是民俗、神话学中所称的神（圣）婚。神（圣）婚风俗普遍存在于西亚各民族中，这些民族都供奉一个伟大的母亲女神，她在各民族中的名字虽然不同②，但是相关的神话和仪式则类似：她每年都在神殿中和爱人结合，人们认为这种仪式能够保证大地丰产、人畜兴旺。③ 理安·艾斯勒（Riane Eisler）曾说：

---

① 〔英〕弗雷泽：《金枝》，徐育新等译，中国民间文艺出版社，1987，第207页。弗雷泽还举出许多的例子，参见《金枝》第207~212页。在中国也可以找到同样的风俗，冯汉骥在研究云南晋宁石寨山出土铜器时指出，铜饰 M13:239 上有两人站立交合，这是孕育仪式中很普遍的动作，并广泛存在于西南各民族中（参见冯汉骥《云南晋宁石寨山出土铜器研究——若干主要人物活动图像试释》，氏著《考古学论文集》，文物出版社，1985，第151页）。
② 如埃及的伊希斯、纳特和玛特神；伊斯兰教的伊斯坦尔、阿斯塔特和利利思神；希腊的得墨忒尔、科瑞和赫拉神；罗马的阿塔耳伽提斯、刻瑞斯和库伯勒神；犹太教的朱诺神；天主教的玛丽亚等（参见〔美〕理安·艾斯勒（Riane Eisler）《圣杯与剑》，程志民译，社会科学文献出版社，2009，第7~8页）。至于中国则可以女娲为代表。
③ 〔英〕弗雷泽：《金枝》，徐育新等译，中国民间文艺出版社，1987，第487~488页。

史前的女神崇拜最有趣的一个方面是神话学家和宗教史家的瑟夫·坎贝尔称之为"信仰调和论"的那种东西。从根本上来说，这种东西的意思是，女神崇拜不仅是多神论的，而且是一神论的。说它是多神论的，就是说，女神是在不同的名字下，而且以不同的形式被崇拜的。但是，它也是一神论的，就是说，我们可以合乎体统的说，信仰女神就像我们说信仰作为一种先验实体的上帝一样。……在所有古代的农业社会中，似乎最初崇拜的是女神。我们在农业发源的三个主要中心——小亚细亚和欧洲的东南部，亚洲东南部的泰国，以及后来还有中美洲——发现了把女性神化的证据，因为就女性的生物属性来说，她正如大地那样给予生命和食物。[①]

大地母亲神作为圣婚的女主角，运用与植物神婚嫁或生育植物神的仪式，来表征植物的死亡、重生与繁殖。例如，在巴比伦的宗教文献里，植物神塔穆兹是大母神伊希塔的配偶，人们相信塔穆兹每年都要死去一次，伊希塔为了寻找心爱的情人，走遍黄泉。当自然生殖力的化身伊希塔不在人间的时候，人间的爱情便停息了，动物也不再进行交配，一切生命都受到灭绝的威胁。于是伟神伊亚不得不派人到地府，命阴间王后用生命之水洒在伊希塔身上，并让她和情人塔穆兹一同返回人间。当他们回到人间时，万物都恢复了生机。因此在巴比伦，每年春天到来的时候，人们都要举行庆祝塔穆兹复活的盛会。伊希塔与塔穆兹的故事流传到希腊神话中，就变成阿芙罗狄蒂和阿多尼斯的传说：在阿多尼斯还是婴儿的时候，爱神阿芙罗狄蒂将他装在盒子中交给冥后珀耳塞福涅

---

[①] 〔美〕理安·艾斯勒：《圣杯与剑》，程志民译，社会科学文献出版社，2009，第23~24页。

抚养，当冥后打开盒盖，看见婴儿非常漂亮，从此便舍不得将阿多尼斯归还给爱神。阿芙罗狄蒂后来亲赴阴间想要救出自己心爱的人，却与冥后起了争执，最后由宙斯出面调处，他判决阿多尼斯每年一半时间与珀耳塞福涅同住阴间，另一半时间则在阳间与阿芙罗狄蒂为伴。这是希腊人对塔穆兹每年死去又复活传说的另一种说法。①

由以上说明可以看出，中国古代祭祀高禖的礼俗，与文化人类学学者所称的神（圣）婚习俗，有某种程度的类似现象，此类仪式最重要的特点就是，它必须供奉一个伟大的母亲女神，人们认为通过祭祀这伟大的母亲女神，能够保证部族的丰产、兴旺。神（圣）婚风俗经过历史的积淀，成为一种原型，而《离骚》中前后三次的飞天求女，就是在潜意识中运用了此原型（只是它更加入了符合其时婚媾仪节的"媒理"要求），因而《离骚》中所求之女，自然也积淀有远古大母神（the Great Mother）崇拜的仪式。

接着请看第二点：原始女性崇拜（即大母神崇拜及史前维纳斯崇拜）。

随着考古工作的日益进展，在西起法国西部，东至俄罗斯平原中部，延伸约1100英里的广大区域——即所谓的"维纳斯环带"里，出土了许多被称为"史前维纳斯"的女裸雕像，她们不但是目前所发现最早的造型艺术（距今三万年到一万四千年的旧石器时代晚期），也代表了人类最早期创造神话的冲动。她们的形象多是面目模糊，头部低垂而呆板，却有着宽厚、肥大的臀、腰及腹部，此外，萎缩的双臂放在丰满的乳房上，双脚则被简化成像是一根棒子的形状。② 根据安德烈·列奥·戈翰的研究，旧石器时代的艺术表现了早

---

① 此外，阿多尼斯在叙利亚、塞浦路斯也都形成相同意义的传说。参见《金枝》，第475~493页。
② 易中天：《艺术人类学》，广西师范大学出版社，2009，第117~119页。

期宗教的某些形式,在这种宗教里,女性的形象和象征起了一种核心的作用。因为女性雕像和表现女性的记号都位于洞室的中心位置;相反地,男性记号都放在洞室四周,或女性雕像、记号的周围。① 至于在我国境内,如辽宁凌源牛河梁、东山嘴及内蒙古赤峰西水泉等红山文化遗址群,也都出现过类似"史前维纳斯"的女裸陶像(只是它们的年代距今5000年左右,已属于新石器时代中晚期)②,由这些女裸陶像详略分明的创作方式来看,很明显是要突出、夸张女性的生殖能力。其原因就在于人类最早所认识及崇拜的,是具有直接生殖行为的女性(及婴儿所从出的女阴),这也就是前文所说的"大母神"崇拜,对此叶舒宪介绍说:

> 大母神(the Great Mother)又称大女神(the Great Goddess),或译"原母神",是比较宗教学中的专门术语,指父系社会出现以前人类所崇奉的最大神灵,她的产生比我们文明社会中所熟悉的天父神要早两万年左右。人类学家和宗教史学家认为,大母神是后代一切女神的终极原型,甚至可能是一切神的终极原型。换句话说,大母神是女神崇拜的最初形态,从这单一的母神原型中逐渐分化和派生出职能各异的众女神和男神。③

另外,楚地的高唐神女神话更可作为探讨《离骚》"求女"喻义最有力的参照点之一。《高唐赋》中描写追求神女者由巫山山脚一路向山上攀登所见的险峻山水景物及虫鱼鸟兽,这就如同《离

---

① 〔美〕理安·艾斯勒(Riane Eisler):《圣杯与剑》,程志民译,社会科学文献出版社,2009,第6~7页索引。
② 安金槐主编《中国考古》,上海古籍出版社,1992,第162~166页,及赵国华《生殖崇拜文化论》,中国社会科学出版社,1996,第157~158页。
③ 萧兵、叶舒宪:《老子的文化解读》,湖北人民出版社,1992,第172页。

骚》主人翁飞天历险求女一般，也暗示必须历险始能求见神女，在《高唐赋》中更明白点出往见神女后的功效："思万方，忧国害，开圣贤，辅不逮，九窍通郁，精神察滞，延年益寿千万岁。"这如同高唐神女曾对楚先王说"今遇君之灵，幸妾之搴，将抚君苗裔，藩乎江汉之间"①一样，也都证明高唐神女具有大母神的因子。②

在母系社会时期，大母神、女性始祖对一个部落氏族的生存具有决定性的意义，使得大母神成为氏族原始社会守护神的象征，一如后来父权社会中的男性始祖、男性国君般，这就为《离骚》的以女喻君，提供了历史现实社会的基础。另外，若从思维特征的角度说，则《离骚》以求女喻求君是神话的类比思维特征下的产物。

本节一方面从作品（《离骚》内容）与作者（屈原生平）平行研究的角度来说明求女喻义求君；另一方面还由原始婚媾的宗教性、神秘性及原始女性崇拜的文化人类学视野探讨求女喻义求君的本质。接下来在下一节，笔者还欲从昆仑圣域的象征与荣格"美女原型"学说的角度，对《离骚》的求女作更深一层的发掘。

## 五　求女喻义求洁（美女原型）
### ——以解决个人人生困境

《史记·屈贾列传》云："其志洁，故其称物芳；其行廉，故死而不容自疏。濯淖污泥之中，蝉蜕于浊秽，以浮游尘埃之外，不获世之滋垢，皭然泥而不滓者也。推此志也，虽与日月争光可也。"《离

---

① （唐）余知古：《渚宫旧事》卷三，引（晋）习凿齿《襄阳耆旧传》。
② 关于此点请详参拙著博士论文《高唐赋的民俗神话底蕴研究》。

骚》中的"求女"一方面喻义求君；另一方面，"美女"在屈原心中更象征着洁净纯美（志洁、行廉）的品质，所以他塑造了《离骚》中的主人翁，以精神的想象遨游至四荒六漠、无地无天、无见无闻的境地①（即洁净纯美的境界），去追求神女（象征洁净纯美的品质），以消释现实生活的污浊、苦闷。

《离骚》主人翁借着远游上征的求女仪式，以舒解个人抑郁的情绪及困顿的生命，而这种抑郁及困顿主要因由生存空间的污浊、生命时间的短促而来。《离骚》诗篇中常出现"及"与"恐"两个字眼，比如：

1. 汩余若将不"及"兮，"恐"年岁之不吾与。
2. 老冉冉其将至兮，"恐"修名之不立。
3. "及"年岁之未晏兮，时亦犹其未央。"恐"鹈鴂之先鸣兮，使夫百草为之不芳。
4. "及"余饰之方壮兮，周流观乎上下。

以上引例中的"及"字，意谓及时掌握生命、时机；而"恐"字，则表述出对时间流逝的惶恐不安感，这两个常见的词，将主人翁的恐惧与焦虑真实地呈现出来，一如陈世骧所说：

> 诗篇以一列时间的壮观的游行开始。朝、夕、日、月、季节、年，在一弄人的、恐怖的、致命的行列中匆匆而过。伴随日、月等时间段落的是一不断的恐惧和焦虑，这恐惧和焦虑因其

---

① 此如《远游》篇所云："经营四荒兮，周流六漠。上至列缺兮，降望大壑。下峥嵘而无地兮，上寥廓而无天。视倏忽而无见兮，听惝恍而无闻。超无为以至清兮，与泰初而为邻。"

追求理想的德和美而变得更为尖锐；他努力地如此耕耘，其本质是要去了解，在瞬间即逝的时间里，人的存在的高贵价值。①

因此，《离骚》中的主人翁幻化成神话中的飞天英雄，他不但欲借着想象神游、飞行求女来舒解一己之危机感、急迫感；更欲借着飞行求女寻求自我价值感、永恒感。这关乎其个人的终极追求问题。②以下将从昆仑圣域象征不老、不死的洁净纯美乐园，及追寻女神两方面，进一步说明主人翁如何借着飞行求女以舒解一己之危迫感，以寻求自我之终极存在的意义。

（1）昆仑象征——不老、不死的洁净纯美乐园

昆仑是中国神话中最重要的一座圣山，清代以前对于昆仑问题的讨论可说是聚讼纷如，莫衷一是，其中最主要的症结就在于对昆仑原初地望的认知上，现代学者郑坤德指出：

> 昆仑山有二，近来学者多承认的。历来不知有这个现象，所以闹得天翻地覆，昆仑位置之多，遂不下十余说。万斯同在《昆仑辨》举出十余家（见《群书疑辨》卷十），但是他的结论以《山海经》及《史记》二说为是。张星烺先生在他的《中西交通史料汇篇》说昆仑也主张两说。他说：昆仑何在？我国学者自昔既有二说。《山海经·卷二·西山经》昆仑，毕沅注云在今甘肃肃州南十八里，又金城临羌县有昆仑祠，敦煌广至县有昆仑障，此其一也。司马迁《史记·大宛传》云："汉使穷河源。

---

① 陈世骧：《论时——屈赋发微》，参见叶维廉等著《中国古典文学的比较研究》，古添洪等译，（台北）黎明文化事业股份有限公司，1977，第86页。
② 再结合前节所述，其欲借着想象神游以化解楚国倾颓的国势来看，一是解决个人问题，二是解决族群问题，这就构成了想象神游、飞行求女的两重目的。

河源出焉,其山多玉石。采来,天子案古图书名河所出山曰昆仑云。"……昆仑不在肃州而远在于阗,此第二说也。①

即使将昆仑地望坐实在肃州或于阗,似乎仍不能说明《山海经》及《淮南子》二书对昆仑外貌曲尽翔实的描绘究竟从何而来的问题。《山海经》中的《西三经》《海外南经》《海外北经》《海内西经》《海内北经》《海内东经》《大荒西经》《大荒北经》等都有关于昆仑的记载,无怪乎苏雪林会认为《山海经》"实为昆仑问题的总汇"了②。这当中以《海内西经》的昆仑之虚叙说得最为翔实:

> 海内昆仑之虚,在西北,帝之下都。昆仑之虚,方八百里,高万仞。上有木禾,长五寻,大五围。面有九井,以玉为槛。面有九门,门有开明兽守之,百神之所在。在八隅之巖,赤水之际,非仁羿莫能上冈之巖。
>
> 赤水出东南隅,以行其东北。河水出东北隅,以行其北,西南又入渤海,又出海外,即西而北,入禹所道积石山。洋水、黑水出西北隅,以东,东行,又东北,南入海,羽民南。弱水、青水出西南隅,以东,又北,又西南,过毕方鸟东。
>
> 昆仑南渊深三百仞,开明兽身大类虎而九首,皆人面,东向,立昆仑上。开明西有凤凰、鸾鸟,皆戴蛇、践蛇,膺有赤蛇。开明北有视肉、珠树、文玉树、玗琪树、不死树。凤凰、鸾鸟皆戴盾。又有离朱、木禾、柏树、甘水、圣木曼兑,一曰挺木牙交。
>
> 开明东有巫彭、巫抵、巫阳、巫履、巫凡、巫相,夹窫窳之

---

① 郑坤德:《层化的河水流域地名及其解释》,参见《中国历史地理论文集》,商务印书馆,1980,第192~193页。
② 苏雪林:《昆仑之谜》,参见《屈赋论丛》,武汉大学出版社,2001,第582~583页。

尸，皆操不死之药以距之。窦窳者，蛇身人面，贰负臣所杀也。服常树，其上有三头人，伺琅玕树。开明南有树鸟，六首；蛟、蝮、蛇、蜼、豹、鸟秩树，于表池树木，诵鸟、鶽、视肉。

另外，还可以参看《淮南子·地形训》的描写：

禹乃以息土填洪水，以为名山，掘昆仑虚以下地，中有增城九重，其高万一千里百一十四步二尺六寸。上有木禾，其修五寻。珠树、玉树、璇树、不死树在其西，沙棠、琅玕在其东，绛树在其南，碧树、瑶树在其北。旁有四百四十门，门间四里，里间九纯，纯丈五尺。旁有九井，玉横维其西北之隅。北门开以纳不周之风。倾宫、旋室、悬圃、凉风、樊桐在昆仑阊阖之中，是其疏圃。疏圃之池，浸之黄水，黄水三周复其原，是谓丹水，饮之不死。

河水出昆仑东北陬，贯渤海，入禹所道积石山。赤水出其东南陬，西南注南海。丹泽之东，赤水之东，弱水出自穷石，至于合黎，余波入于流沙，绝流沙，南至南海。洋水出其西北陬，入于南海羽民之南。凡四水者，帝之神泉，以和百药，以润万物。

昆仑之邱，或上倍之，是谓凉风之山，登之而不死；或上倍之，是谓悬圃，登之乃灵，能使风雨；或上倍之，乃维上天，登之乃神，是谓太帝之居。

以上两处对于昆仑如此宏伟、壮丽、美观及繁复的描绘，应该不会是凭空想象出来的，而当有一个初始传说的蓝本，如苏雪林就认为昆仑的原型来自西亚庙宇及七星坛建筑。

关于昆仑仙山之想象，不知始于何时，今日文献之约略可证者，唯有文化最早之两河流域，故吾人亦唯有姑定两河流域为昆仑之发源地。考西亚远古传说，即谓有一仙山曰 Khursag Kurkura，其义犹云"大地唯一之山"，或曰"世界之山"，为诸神聚居之处，亦即诸神之诞生地。关于此山详细之描绘，今日西亚出土之砖文，尚无可征，良堪惋惜——吾人愿望之满足，或将待之他日地底文化资料之发现而已。但西亚若干庙宇与七星坛之建筑，皆为此山之缩型。而中国之昆仑、希腊之奥林匹司，印度之苏迷卢、天方之天园，亦为此山之翻版。①

徐高阮也持相同的看法，他认为昆仑丘即是古代两河流域常见的多层庙塔，徐高阮说：

中国古籍所载之昆仑丘（墟）应为古代两河流域各城通有之一种多层庙塔（Ziggurat, staged temple-tower）。唯此等古籍所著力称说形容者，乃巴比伦城之大塔 Marduk，系奉献于巴比伦大神，即巴比伦开辟神话中之主角者。虽现仅有公元前七世纪史料提及此塔，但塔之历史实甚古远。此塔亦即两河流域古宗教建筑中最伟大、最著名之一处。②

徐高阮又将《淮南子·地形训》里的描写和巴比伦的庙塔作比较说：

《地形训》中关于昆仑墟之一长段文字为极重要材料，依我

---

① 苏雪林：《昆仑之谜》，参见《屈赋论丛》，第615页。
② 参见徐高阮《昆仑丘和洪水神话》（草纲），《中华杂志》1969年第7卷第11期。

解释,所写乃一九层高台,在一结构复杂之广宏院宇之中,依傍壮丽奇伟之城垣。此一高台,以及院宇之缔造由来,之种种景观,之存在意义,均与巴比伦大塔之事适相吻合。巴比伦大塔名为"天地之基"(Etemenanki);其所属之结构复杂之宏广神庙名为"崇首之园"(Esagila, the house of the lofty heat)。此塔及庙在公元前六、七世纪达极盛时代,公元前五世纪中被毁后不能恢复,但后人犹多称述其迹。近百年中此塔及庙成为近东考古一大题目。①

又有凌纯声赞成苏、徐二人的看法,他并补充徐高阮的意见说:

"木禾、珠树、玉树"等有神秘意味之树木,似相当于两河流域之神树(名 Kishkanu),此神树有种种变形,而实即棕榈之化身。"旁有四百四十门",巴比伦城城垣广大壮丽,空前绝后,后世史家形容,更有夸张。如希罗多德所述城周长度,有四倍之多,又有百门之说。"北门开以纳不周之风",《天问》亦有"西北辟启,何气通焉",巴比伦大塔及神庙非正对东西南北,而系微向西北,近代学者或谓此乃福佑之方。"倾宫、旋室、悬圃、凉风、樊桐在昆仑阊阖之中,是其疏圃",此昆仑阊阖全区亦有"疏圃"之名,"疏圃"一名或有与 Esagila 对音之关系。"疏圃之池,浸之黄水",崇首之园据传二池,又崇首之园紧依幼发拉底斯河,黄水或指此河。"黄水三周复其原,是谓丹水,饮之不死",巴比伦城跨幼发拉底

---

① 接着徐氏将《地形》所描述的昆仑景观和楔文文献、旧约传说、希罗多德的记载及近代考古所得的资料,作了详细的比对,以证明昆仑即来自巴比伦大塔,参见徐高阮《昆仑丘和洪水神话》(草纲),《中华杂志》1969 年第 7 卷第 11 期。

斯河上，左右两岸各有一壕环城，外复有渠一道环之，如谓庙塔周围河水三匝，且复其原，似无不恰。又幼发拉底斯河有生命水之誉。"昆仑之邱，或上倍之……登之乃神，是谓太帝之居"，此节语意奇妙，超出写实范围。巴比伦大塔原有级可登，最高处则为迎接最高神之殿堂，希罗多德曾描写升塔之况味，有依稀仿佛之感。①

以上三家的说法都认为，昆仑源于巴比伦的通天塔及空中花园等建筑物。的确，巴比伦大塔及空中花园等古建筑，曾是世界早期最伟大、最撼动人心的建筑物之一；因而随着民族的迁徙和旅人行客的口耳传播，围绕着这些建筑群，产生出许多绘声绘色的描述，也是有可能的。不过，如果要肯定这种说法，还必须对早期联结中亚、西亚与东亚的文化传播途径，作更深入、细致的探讨，才能达到更完满的结论。②

传统的说法一向认为昆仑是位于中国西方的大山，不过随着中国西部及中亚、西亚各民族不断向东迁徙、传播及交流，自然在各地创造出许多富有民族特色的昆仑山神话，昆仑因此成为一个含义丰富的大载体，这也就是昆仑在《山海经》中出现得如此繁复、混乱的原因；以致后代学者在追溯昆仑问题时，甚至出现以东海方丈仙山为昆仑的看法，如《山海经·海外南经》载：

昆仑虚在其东，虚四方。一曰在岐舌东，为虚四方。

---

① 凌纯声《中国的封禅与两河流域的昆仑文化》，台湾"中央研究院"《民族研究所集刊》1966 年第 19 期，凌纯声又曾用对音的方式指出，与昆仑有密切关系的西王母原是两河流域苏末人（Sumerians）所崇拜的月神，参见凌纯声《昆仑丘与西王母》，载台湾"中央研究院"《民族研究所集刊》1966 年第 22 期。
② 另外，赞成昆仑源于巴比伦大塔，并不等于就认同中国文化西来说学派的论点。

毕沅《注》云：

> 此东海方丈山也。《尔雅·释丘》云："三成为昆仑丘。"是昆仑者，高山皆得名之。此在东南方，当即方丈山也。《水经注·河水》云："东海方丈亦有昆仑之称。"

从昆仑与东海三仙山的方丈山合流之例，就透露出昆仑在中国流衍、传播的复杂情形，这也无怪乎毕沅要说"昆仑者，高山皆得名之"了。

毕沅的话确有启发性，吾人可以将昆仑地望的问题暂时搁置一旁，转而从神话民俗学的角度来探讨昆仑的意义。在神话当中，凡是神圣之山都可称作昆仑；因为远古民族常以自我为中心，而将他们居住境内的高山看成是神圣的"世界大山"，并赋予神话传说中昆仑圣山的称号。这个"世界大山"在神话中位于世界的中心，是天地的支柱及圣俗的分界，请看纬书《河图括地象》对昆仑的记载：

> 地中央曰昆仑。
> 昆仑者，地之中也，地下有八柱，柱广十万里，有三千六百轴，互相牵制，名山大川，孔穴相通。
> 有昆仑山，广万里，高万一千里，神物之所生，圣人、仙人之所集也。出五色云气，五色流水，其泉东南流入中国，名曰河也，其山中应于天，最居中，八十城布绕之，中国东南隅，居其一分，是偏域也。
> 昆仑山横为地轴。

昆仑山为天柱，气上通天。①

除了《河图括地象》的记载外，请再看以下几处的说法：

《山海经·海内西经》："昆仑之虚方八百里，高万仞。"郭《注》："盖天地之中也。"

《酉阳杂俎·前集·卷二·玉格》："昆仑为天地之齐（按，齐即脐）。"

《楚辞·离骚》"昆仑"句，洪兴祖《补注》："又一说云：大五岳者，中岳昆仑，在九海中，为天地心，神仙所居，五帝所理。"

以上所引昆仑居于大地中央和作为天地支柱的观念，在神话学上具有很重要的意义。艾里亚德（Mircea Eliade）就曾指出，世界的中心以山岳（宇宙山）、植物（世界树）或柱子（或梯子）为标识，它们垂直矗立，纵贯天上、地上和地下三个世界。只有在这个中心，三个世界才能互相联通；居住在地上的人们，也只有攀登处于世界中心的山或树，才能获取天上的不朽性质。万物诞生在这个中心，世界上的生命力、协调、秩序等，通通以此为源泉；人的各种所作所为，多是模仿这个宇宙规范进行的，世界中心以"脐"来表示，更是全世界共通的神话观念。② 在《山海经》中，除了昆仑山矗立在宇宙中心、作为巫师贯通天地的天地支柱外，还有登葆山和灵山等，也有同

---

① 〔日〕中村璋八、安居香山编《重修纬书集成·卷六·河图·洛书》，河北人民出版社，1994，第31、33、37页。
② 〔美〕艾里亚德：《萨满教——古代狂迷术》（Shamanism），第259~269页。

样的巫术性质。①

《离骚》主人翁最初的神游飞行是由宇宙之轴（通天之道）昆仑丘飞升至悬圃、天帝所居的乐园，如《淮南子·地形训》云："倾宫、旋室、悬圃、凉风、樊桐，在昆仑阊阖之中。"这是一个大范围的昆仑圣域，与其说是人文地理上确实有所对应的区域，毋宁说是一个神话概念中抽象、象征的圣域，其所象征者即为一不老、不死的洁净纯美乐园。② 在昆仑圣域中有不死树、饮之不死的丹水和登之不死的凉风山③。"不死"是神话乐园中最重要的母题，神话中的不死，意味着复归洁净纯美的初生状态，也即是死后的再生；正是周期性模拟死亡——再生仪式，在初民心理上积淀成为不死、重生的深层结构。

这种周期性死亡——再生仪式，与自然时序的运动轮回声息呼应。加拿大文学批评家弗莱（Northrop Frye）曾说，人类想象的发生，一开始便遵循着某种由自然现象的循环变易所提供的"基型"（prototype），阳光每年都要消失，植物生命每逢冬季即告枯萎，人类的生命每到一定期限也要完结。但是，太阳会重新升起，新的一年又将来到，新的婴儿也要问世。或许在这个生命世界当中，想象之最初、最基本的努力，所有宗教、艺术的最根本要旨，都在于从人的死亡及时间的消逝中，看到一种原生的衰亡形象；又从人类和自然的新生中，看到一种超越死亡的复活形象或基型。④ 而这种死亡与再生的

---

① 《山海经·海外西经》："巫咸国在女丑北，右手操青蛇，左手操赤蛇。在登葆山，群巫所从上下也。"《山海经·大荒西经》："大荒之中，有山名曰丰沮玉门，日月所入。有灵山，巫咸、巫即、巫盼、巫彭、巫姑、巫真、巫礼、巫抵、巫谢、巫罗十巫，从此升降，百药爰在。"
② 王小盾：《论古神话中的黑水、昆仑与蓬莱》，复旦大学中文系编《选堂文史论苑》，第227~244页。
③ 《淮南子·地形训》。
④ 参见弗莱《威严的均称》（Fearful Symmetry），第217页。这里参考叶舒宪《中国神话哲学》第7~8页引译。

循环交替，实构成原始永恒回归神话最重要的内容。而《离骚》主人翁三次飞天求女，始终是以昆仑圣域为其中心地标，此隐喻作者回归乐园的永恒冀望。

（2）追寻女神

"求女"是一个古老的母题，《诗经·关雎》"窈窕淑女，君子好逑"、《蒹葭》"所谓伊人，在水一方。溯洄从之，道阻且长"等，都曾使用此一母题。若我们暂时将古代经学家的说法放置一旁，用心理学家荣格的原型理论来考察中国古籍中的"求女"母题，或许会有另一种新的收获。

在荣格的原型学说当中，有所谓阳性特质（animus）和阴性特质（anima）的提法，意思是如果做梦的人是女性，她会发现她潜意识中有个男性人格化身；反之，则是女性人格化身。荣格称男性人格的形式为阳性特质，女性人格的形式为阴性特质。[①] 而阴性特质的历史发展有四个阶段，第一阶段是原始女人，以夏娃这个意象为最佳的象征，它代表纯本能和生物学的关系。第二阶段是浪漫美女，其典型代表可以在特洛伊城的海伦身上看到，她已是具体化浪漫和美丽的标准；不过，仍然具有性元素的象征。第三阶段可以童贞玛丽亚作代表——这个意念已将爱提升到精神上献身的崇高境界。第四阶段则已超越最神圣和最纯洁的境界，从现代人的心灵发展来看，这一阶段罕能达到，蒙娜丽莎则接近这种智慧的阴性特质。[②]

荣格学派还认为，阴性特质经常显示出的形式是性爱的幻想，这是阴性特质粗糙、原始的一面；至于其积极的一面则在于，它必须对

---

[①] 荣格等：《自我的探索——人类及其象征》，黎惟东译，台北桂冠图书公司，1991，第212页。

[②] 荣格等：《自我的探索——人类及其象征》，黎惟东译，第220页之图说，及第248页。

男人找到适合的结婚对象这一事实负责。① 一般而言，男人的阴性特质是被他母亲所塑造出来的，这是指个体无意识方面；但就集体无意识方面而言，男性自身中所带有的永恒理想女性形象，则是一种起源于原始崇高母亲的伟大母神形象，经过历史积淀在一代代遗传基因上的结果。由于来源于这两方面的阴性特质都是无意识的，它们也就被无意识地投射到所爱的异性身上，并成为强烈吸引或厌恶的主要原因之一。

依照荣格学派以上的理论，《离骚》中的"求女"既含有阴性特质历史发展的第一阶段——母亲原型，象征生育、温暖、保护和富足；也具有阴性特质历史发展的第二、三阶段——美女原型，象征着灵魂的伴侣、精神的实现与满足。坎伯认为这二合一的原型，代表"美的极致，一切欲望的满足，英雄在两个世界中追求的福祉目标。在睡眠的深渊里，她是母亲、情人、新娘……她是圆满的化身。"②

女神（女性）在《离骚》主人翁的潜意识中，是洁净纯美的化身，他自始至终所追求的美善理想，以及对现世污浊深感厌恶的精神洁癖，就是经由不懈的"求女"历程表现出来的。如果说求宓妃还停留在阴性特质历史发展的第二阶段，即具有性元素象征（一如西方神话中的海伦）的话，那么求娀女及二姚则已臻于阴性特质历史发展的第三、四阶段，即超越至最神圣和最纯洁的境界（一如前述的童贞玛丽亚及蒙娜丽莎），这是他灵魂深处最渴望的抚慰。

追寻女神（女性）对《离骚》主人翁而言，代表着对美善至洁的寻求，女神（女性）的启蒙，就是带领飞天英雄超越一切二元对

---

① 其实阴性特质最重要的一面在于，当男人无法辨识隐藏在其潜意识后面的事实时，阴性特质都会帮他发掘出来。阴性特质在把人的思考和内在价值调和一事上，担任极其重要的角色，因而它是打通堂奥的路径。见荣格等著《自我的探索——人类及其象征》，黎惟东译，第221、223页。

② 〔美〕乔瑟夫·坎伯（Joseph Campbell）：*The Hero with a Thousand Faces*，第110页。

立的幽谷，而达到纯洁、净化、平衡、宁静、和谐的穹苍。追求女神是对飞天英雄的人生试练，它是飞天英雄通往神圣关卡，并由此臻于一己生命纯然净化的精神自由王国。

## 六　结语

本文旨在探讨《离骚》中飞天求女的问题，认为唯有弄清《离骚》后半篇三次飞天求女的喻义，才是通贯全诗，并洞悉屈原内在心灵世界的不二法门。而《离骚》中的求女又建立在飞天的基础之上，所以首先应探讨《离骚》中的飞天远游。笔者认为《离骚》主人翁的飞天远游具有古老的巫术神话背景，即古代萨满巫师作法遨游天地，其目的在于化解部族及个人生命中所遭遇的生存困境。

屈原巧妙地结合了飞天与求女两个古老的神话母题，飞天求女就楚族群体而言，是喻求明君；就屈原（《离骚》主人翁）个人而言，则是喻求美善至洁，他希冀以此仪式来渡过楚族与个人生命中的困厄与危机，所以飞天求女对屈原（《离骚》主人翁）而言，就犹如远古部落中的"过渡礼仪"。

求女既喻求君，又喻求洁，这当中具有原始文化及人类心理的深层积淀，前者可从原始婚媾的宗教性、神秘性及原始女性崇拜两方面来加以研究。而后者可从昆仑象征—不老、不死的洁净纯美乐园及追寻女神两方面来加以探求。一方面，女性喻指贤君，用意在化解部族所遭遇的生存困境；另一方面，女性象征洁美品质，用意在化解个人所经历的生活难题。屈原以《离骚》中飞天求女的手法，树立起后世文学作品中"世不遇"（忧与游）及"女神（性）原型"两个意象的光辉传统，让历代文人仿效不已。

**主要引用及参考书目**

### 一　古代典籍部分

《文渊阁四库全书》影印本，（台北）商务印书馆。
《丛书集成新编》，（台北）新文丰出版社。
《十三经注疏》，（台北）蓝灯出版社。
朱熹：《诗集传》，（台北）艺文印书馆。
陈奂：《诗毛氏传疏》，（台北）世界书局。
许慎著，段玉裁注：《说文解字注》，（台北）汉京文化公司，1980。
竹添光鸿：《左传会笺》，（台北）凤凰出版社，1977。
韦昭注：《国语》，（台北）汉京文化公司，1983。
刘向集录：《战国策》，（台北）里仁书局，1982。
泷川龟太郎：《史记会注考证》，（台北）中新书局，1977。
王先谦：《汉书补注》，（台北）艺文印书馆。
《山海经笺疏》，（台北）艺文印书馆。
《诸子集成》，（台北）世界书局，1972。
严可均编《全上古三代秦汉三国六朝文》，（日本）中文出版社，1981。
洪与祖：《楚辞补注》，（台北）艺文印书馆，1977。
朱熹：《楚辞集注》，广陵古籍刻印社，1990。
《清人楚辞注三种》，（台北）长安出版社，1975。
萧统选辑《文选》，（台北）正中书局，1971。

### 二　近代著作部分

王孝廉、吴继文编《神与神话》，（台北）联经出版事业公司，1988。
王锺陵：《中国前期文化——心理研究》，重庆出版社，1991。
古添洪、陈慧桦编著《从比较神话到文学》，（台北）东大图书出版社，1983。
朱狄：《原始文化研究》，三联书店，1988。
朱碧莲：《楚辞论稿》，三联书店，1993。
余崇生编《楚辞研究论文集》，（台北）学海出版社，1985。
李诚：《楚辞文心管窥》，（台北）文津出版社，1995。
李丰楙：《误入与谪降》，（台北）学生书局，1996。
周建忠：《楚辞论稿》，中州古籍出版社，1994。

秋浦：《萨满教研究》，上海人民出版社，1985。
袁珂编著《中国神话传说辞典》，上海辞书出版社，1985。
袁珂：《中国神话通论》，巴蜀书社，1993。
袁珂：《神话论文集》，（台北）汉京文化事业，1987。
郭杰：《屈原新论》，吉林大学出版社，1994。
陈子展：《诗经直解》，复旦大学出版社，1991。
陈子展：《楚辞直解》，江苏古籍出版社，1993。
莫砺锋编《神女之探寻》，上海古籍出版社，1994。
张崇琛：《楚辞文化探微》，新华出版社，1993。
游国恩：《楚辞论文集》，（台北）九思出版社，1977。
游国恩：《楚辞概论》，（台北）九思出版社，1978。
游国恩主编《离骚纂义》，（台北）明文书局，1982。
杨牧：《传统的与现代的》，（台北）洪范书店，1987。
叶舒宪：《诗经的文化阐释》，湖北人民出版社，1994。
作家出版社编辑部编《楚辞研究论文集》，湖北人民出版社，1985。
闻一多：《闻一多全集》，湖北人民出版社，1994。
赵明主编《先秦大文学史》，吉林大学出版社，1993。
赵国华：《生殖崇拜文化论》，中国社会科学出版社，1990。
萧兵：《中国文化的精英》，文艺出版社，1989。
萧兵：《楚辞文化》，中国社会科学出版社，1992。
萧兵：《楚辞的文化破译》，湖北人民出版社，1997。

## 三　外国著作部分

〔日〕白川静：《中国古代文化》，加地伸行等译，（台北）文津出版社，1983。

〔日〕小南一郎著，孙昌武译：《中国的神话传说与古小说》，中华书局，1993。

〔加拿大〕弗莱（Northrop Frye）：《神话—原型批评》，叶舒宪编译，陕西师范大学出版社，1987。

〔加拿大〕弗莱（Northrop Frye）：《威严的均称》（*Fearful Symmetry*），Princeton Second Printing，1969。

〔法〕列维—布留尔：《原始思维》，丁由译，商务印书馆，1994。

〔法〕李维—施特劳斯：《野性的思维》，李幼蒸译，（台北）联经出版事业公司，1992。

〔波兰〕马凌诺斯基（Bronislaw Malinowski）：《巫术、科学与宗教》，朱岑楼译，（台北）协志工业丛书出版股份有限公司，1989。

〔英〕弗雷泽（James Frazer）：《金枝》，汪培基译，（台北）久大—桂冠出版社，1991。

〔美〕李达三：《比较文学研究之新方向》，（台北）联经出版事业公司，1978。

〔美〕拉·莫阿卡宁：《荣格心理学与西藏佛教》，江亦丽、罗照辉译，商务印书馆，1994。

〔美〕理安·艾斯勒（Riane Eisler）：《圣杯与剑》，程志民译，社会科学文献出版社，1993。

〔美〕M. 艾瑟·哈婷：《月亮神话——女性的神话》，蒙子、龙天、芝子译，上海文艺出版社，1992。

〔美〕艾里亚德（Mircea Eliade）：《萨满教》（Shamanism），Princeton Second Printing, 1974。

〔美〕艾里亚德（Mircea Eliade）：《永恒回归的神话》（The Myth. Of The Eternal Return or Cosmos And History），Princeton University Printing, 1974。

〔瑞士〕荣格（Carl Gustav Jung）：《心理学与文学》，冯川、苏克编译，（台北）久大文化股份有限公司，1990。

〔德〕恩格斯：《家庭、私有制和国家的起源》，（台北）谷风出版社，1989。

〔德〕卡西勒（Ernst Cassirer）：《人论》，甘阳译，（台北）桂冠图书股份有限公司，1990。

## 四　论文期刊部分

王小盾：《论古神话中的黑水、昆仑与蓬莱》，载复旦大学中文系编《选堂文史论苑》，上海古籍出版社，1994。

李丰楙：《不死的探求——从变化神话到神仙变化传说》，《中外文学》1986年第15卷第5期。

李丰楙：《先秦变化神话的结构性意义——一个"常与非常"观点的考察》，《中国文哲研究所集刊》1994年第4期。

章炳麟：《菿汉闲话》，《制言半月刊》1936年第14期。

陈世骧：《论时——屈赋发微》，叶维廉等编《中国古典文学的比较研究》，（台北）时报文化，1977。

彭毅：《屈原作品中隐喻和象征的探讨》，《文学评论》1975年第1集，（台北）书目书评出版社。

张光直：《古代中国及在人类学上的意义》，《史前研究》1985年第2期。

杨儒宾：《道家的原始乐园思想》，1995年4月，汉学研究中心与施合郑民俗文化基金会合办的"中国神话与传说学术研讨会"上发表的论文 廖栋梁《古代离骚求女喻义诠释多义现象的解读》，1997年4月。

鲁瑞菁：《高唐赋的民俗神话底蕴研究》，台湾大学中文研究所博士论文，1996。

（编辑：米海萍）

# 《山海经·海经》中三座不同的昆仑

吴晓东[*]

**摘　要**：《山海经》之《大荒经》所描述的山是以一座观象台为中心呈环形分布的山，而且《海外经》是《大荒经》的另一版本。《大荒经》每边都有7座"大荒之中"山，而《海外经》每边的条目都是7的倍数，《海外东经》14个条目，《海外南经》《海外西经》《海外北经》分别是21个条目。在《海经》里所描述的昆仑其实有三座，一座在环形大荒内的西北部，叫昆仑之虚；一座在环形大荒之内的西南部，叫昆仑之丘；一座在环形大荒之内的东南部，叫昆仑虚。《海外南经》里位于东南部重阴之山附近的昆仑虚在《大荒南经》里被称为俊坛，是祭祀帝俊的地方；西北的昆仑之虚是"帝之下都"，暗示了这属于天帝所有，西北这座昆仑与西王母无关；处于西南方向的昆仑之丘是西王母所居之处。

**关键词**：《山海经》　《大荒经》　《海经》　昆仑

对昆仑的考证，离不开较早出现的《尚书》与《山海经》，《尚书·禹贡》云："黑水、西河惟雍州……织布昆仑、析支、渠搜，西戎即叙。"这是说，从黑水到西河之间是雍州，昆仑、析支、渠搜进贡兽毛织皮，

---

[*] 吴晓东，苗族，中国社会科学院民族文学研究所副研究员、硕士，中国少数民族文学学会副秘书长。

西方的戎族都安顺了。这里所提及的昆仑显然是作为一个国度或族群，其地理位置在雍州，无疑是在今中国的西部。在《山海经》中昆仑也有出现在西北的记载，似乎与《尚书》形成呼应，可是，从"昆仑"一词在《山海经》中出现的篇章来看，在《西山经》《北山经》《大荒西经》《海外南经》《海外北经》《海内西经》《海内北经》《海内东经》中都有出现。这游移不定的"昆仑"，又足以把好奇的人们绕得晕头转向，一头雾水，不知它究竟位于何处。于是乎，汉朝以来，指定昆仑的各种观点不胜枚举，以下试罗列几种。

（1）于阗南山。汉武帝根据使者的调查，将于阗南山定为昆仑。

（2）祁连山。《后汉书·郡国志》："临羌有昆仑山。"《括地志》："昆仑山在肃州酒泉南八十里。"

（3）阿耨达山。《西域志》云："阿耨达大山，其上有大渊水；宫殿楼观甚大焉，即昆仑山也。"康熙进军西藏，定阿耨达山为冈底斯山。岑仲勉以为，阿耨达山即新疆罗布泊西南的阿斯腾塔格，位于今阿尔金山脉中。

（4）广西南宁附近。《方舆纪要》卷一百一十《广西·南宁府·昆仑山》载，今广西南宁东北境在唐代"有山名昆仑"。

（5）吐蕃境内的紫山。《新唐书·吐蕃传》记长庆二年刘元鼎在河源上游找到了三座山，"中高而四下曰紫山，有大羊同国，古所谓昆仑者也"。

（6）新疆天山。《诸子释地·五藏山经传》云："昆仑之丘在今绥来县南"，"即腾格里山"，指新疆天山。

（7）和田地区南部的昆仑山。[①]

---

[①] 周运中：《〈山海经〉昆仑位置新考》，《中国历史地理论丛》2008年第2期。

(8) 岷山。①

(9) 泰山,何幼琦②和何新③均持此观点。

(10) 高黎贡山。④

(11) 王屋山。⑤

(12) 东海方丈山。《水经注》河水条云:"东海方丈亦有昆仑之称。"

(13) 鄂尔多斯一带。⑥

(14)《山海经》都是讲述云南一带地域,所以昆仑山在云南。⑦

(15) 新疆库木库勒盆地。⑧

有学者发现《山海经》中的昆仑并非称"山"而称"丘"、"虚",于是剑出偏锋,另辟蹊径。从"丘"、"虚"出发,认为昆仑只是人工小丘或低洼的盆地:

> 还有一些学者沿着这条思路,认为昆仑原本是人工建筑物,如王增永说:"昆仑山本无确指,它是人们用想象创造出的一座神秘山,西北群峰只是它的一个大概方位。把昆仑落实到某山某峰,既是不现实的,也是不可能准确的。"⑨ 刘宗迪则认为昆仑"只是一座人工建筑物,这座建筑物就是古观象台,亦即明堂"⑩。

---

① 蒙文通:《再论昆仑为天下之中》,载《古地甄微》,巴蜀书社,1998。
② 何幼琦:《〈海经〉新探》,载《山海经新探》,四川省社会科学院出版社,1986。
③ 何新:《诸神的起源》,生活·读书·新知三联书店,1986,第80~105页。
④ 杨慎:《南诏野史》卷上《南诏大蒙国》,引自刘小幸《母体崇拜》,云南人民出版社,1990,第130页。
⑤ 姚景强:《王屋山即古昆仑考辨》,《济源职业技术学院学报》2007年第2期。
⑥ 李炳海:《昆仑地望及东夷文化区西限》,《东岳论丛》1992年第2期。
⑦ 扶永发:《神州的发现:〈山海经〉地理考》,云南人民出版社,1998。
⑧ 冯广宏:《〈山海经〉昆仑丘解读》,《文史杂志》2003年第1期。
⑨ 王增永:《神话学概论》,中国社会科学出版社,2007,第266页。
⑩ 刘宗迪:《失落的天书:〈山海经〉与古代华夏世界观》,第十章"昆仑考",商务印书馆,2006。

出现这种情况,原因有二:一是没能借助《大荒经》的叙事语境,学者只能惯性地将《大荒经》中的"东"、"南"、"西"、"北"想象为以中原为中心的四周蛮荒之地,由于研究者所想象的地理范围巨大,"昆仑"在东南西北四个方位又都有出现,其位置自然难以坐实。二是受到"同名必同物"惯性思维的牵引,人们从未想到《山海经》中的昆仑并不仅仅是同一座山。事实上,仅《海经》部分,就有三座昆仑。昆仑有两个词义,一个是"圆",另一个是"始",昆仑的本义"就是圆形之山,初始之山"①。古人可以把凡是圆形的,带有一些神秘性质的山都称为昆仑。既如此,《尚书》之昆仑未必就是《山海经》之昆仑,要考证昆仑,只能先考证某一本书中的昆仑。正是本着这一理念,这里只考证《山海经》之《海经》中的昆仑问题,不牵涉其他文献古籍中的昆仑。

《海经》中"昆仑"两字一共出现了16次,分布在12个条文之中。其中《大荒西经》一次,《大荒北经》一次,《海外南经》一次,《海外北经》一次,《海内西经》五次,《海内北经》四次,《海内东经》三次。穷其引文如下,为便于论述,皆编了序号:

> 1. 西海之南,流沙之滨,赤水之后,黑水之前,有大山,名曰昆仑之丘。有神,人面虎身,有文有尾,皆白,处之。其下有弱水之渊环之,其外有炎火之山,投物辄然。有人戴胜,虎齿,有豹尾,穴处,名曰西王母。此山万物尽有。(《大荒西经》)
>
> 2. 共工臣名曰相繇,九首蛇身,自环,食于九土。其所歆所尼,即为源泽,不辛乃苦,百兽莫能处。禹湮洪水,杀相繇,

---

① 王增永:《神话学概论》,中国社会科学出版社,2007,第262页。

其血腥臭，不可生谷；其地多水，不可居也。禹湮之，三仞三沮，乃以为池，群帝因是以为台。在昆仑之北。(《大荒北经》)

3. 昆仑虚在其东，虚四方。一曰在歧舌东，为虚四方。(《海外南经》)

4. 共工之臣曰相柳氏，九首，以食于九山。相柳之所抵，厥为泽溪。禹相柳，其血腥，不可以树五谷种。禹厥之，三仞三沮，乃以为众帝之台。在昆仑之北，柔利之东。相柳者，九首人面，蛇身面青。不敢北射，畏共工之台。(《海外北经》)

5. 流沙出钟山，西行又南行昆仑之虚，西南入海，黑水之山。(《海内西经》)

6. 海内昆仑之虚，在西北，帝之下都。昆仑之虚，方八百里，高万仞。上有木禾，长五寻，大五围。而有九井，以玉为槛。面有九门，门有开明兽守之，百神之所在。在八隅之岩，赤水之际，非仁羿莫能上冈之岩。赤水出东南隅，以行其东北。河水出东北隅，以行其北，西南又入渤海，又出海外，即西而北，入禹所导积石山。洋水、黑水出西北隅，以东，东行，又东北，南入海，羽民南。弱水、青水出西南隅，以东，又北，又西南，过毕方鸟东。昆仑南渊深三百仞。开明兽身大类虎而九首，皆人面，东向立昆仑上。(《海内西经》)

7. 西王母梯几而戴胜杖。其南有三青鸟，为西王母取食。在昆仑虚北。(《海内北经》)

8. 帝尧台、帝喾台、帝丹朱台、帝舜台，各二台，台四方，在昆仑东北。(《海内北经》)

9. 蟜，其为人虎文，胫有腎。在穷奇东。一曰状如人，昆仑虚北所有。(《海内北经》)

10. 昆仑虚南所，有泛林方三百里。(《海内北经》)

11. 国在流沙中者埻端、玺㬇，在<u>昆仑</u>虚东南。一曰海内之郡，不为郡县，在流沙中。（《海内东经》）

12. 西胡白玉山在大夏东，苍梧在白玉山西南，皆在流沙西，<u>昆仑虚东南</u>。<u>昆仑山在西胡西</u>。皆在西北。（《海内东经》）

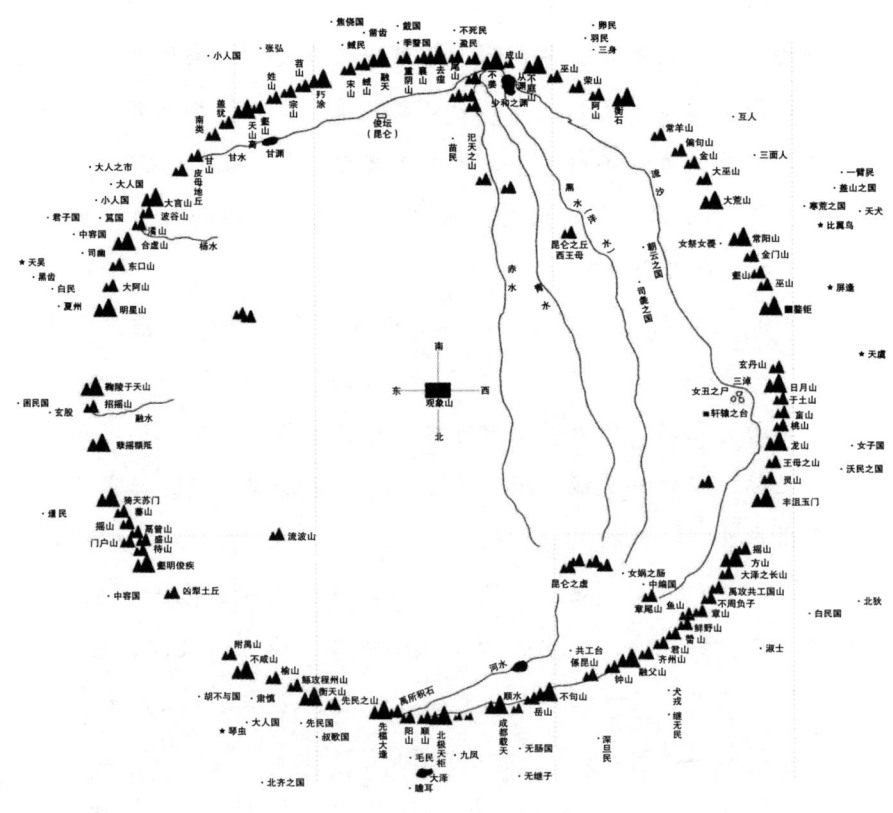

《大荒经》构拟图

考证《山海经》里的昆仑，最基本的条件乃是分清《山海经》一书的构成，否则只能是雾里看花。《山海经》由《五藏山经》与《海经》两部志趣迥异的书组成。《五藏山经》是由社稷祭祀的祭词删改而成，虚实掺杂，其所述昆仑，基于传说，处于虚无缥缈之中，无从稽考。《海经》包含了一本书的两个版本，《海外四经》和《海内四经》是一个版本,《大荒经》和《海内经》是另一个版本。这两个版本的构架是一致的,其中"海外"的概念等同于"大荒",《大荒经》和《海外经》讲述的皆是环形大荒一带的山峦,以及这些山峦对应的事物;《海内经》和《海内四经》分别是《大荒经》和《海外经》的补充,讲述的是环形大荒以内的山川及其对应的事物①,因此,对昆仑的分析,应以此框架为前提。《海经》所提及的昆仑,皆在环形大荒之内,但并非只有一座,而是三座。一座在环形大荒内的西北部,叫昆仑之虚;一座在环形大荒之内的西南部,叫昆仑之丘;一座在环形大荒之内的东南部,叫昆仑虚。

先剖析《大荒经》里的昆仑记载。

《大荒经》只有一个条文是直接描述昆仑的,即《大荒西经》里的昆仑(引文1)。其位置很明确,在"西海之南",也就是在观象台的西南方向。其具体位置在"流沙之滨,赤水之后,黑水之前。"前文已经分析了,赤水、黑水都是发源于环形大荒之内,处于西北的昆仑之虚,即"赤水出东南隅……黑水出西北隅"。然后向南流去。赤水在氾天山之处看不见了,即"南海之中,有氾天之山,赤水穷焉"。黑水流经南边坐标山之一的不庭之山,然后消失于视线之外,即《大荒南经》里的"大荒之中,有不姜之山,黑水穷焉"以及《海内南经》里的"南入海,羽民南"。细查原文,不姜之山的方位也是羽民国出现的方位,所以《海内西经》说黑水"南入海,羽民南"与《大荒南经》的"有不姜之山,黑水穷焉"十分吻合。因此可以推论,这一昆仑之丘与西北的昆仑之虚是两座不同的山。这一昆仑之丘在流沙、赤水、黑水几条河流快要看不见的地方,这座昆仑虽

---

① 吴晓东:《环形大荒:〈山海经·大荒经〉的空间关系与叙事方式》,参见《民族艺术》2008年第2期。

也不小，但很矮，是山丘，故称为"昆仑之丘"。

《大荒北经》（引文2）的"在昆仑之北"，是借昆仑为参照来叙述共工之台的位置，从这也可以反过来找到这座昆仑的位置。我们已经知道，《大荒经》是以山为坐标来叙事的，是以共工之台在"成都载天"这座山来叙事的。换言之，共工之台是在成都载天山的附近，共工之台既然在昆仑之北，那么昆仑离成都载天山应该不远。《大荒北经》的七座"大荒之中"山从东到西分别为不咸山、衡天山、先槛大逢之山、北极天柜（枢）山、成都载天山、不句山、融父山。从这个排列可以看出，对于观象台而言，成都载天山是一座稍微靠西的山，又因为它是在环形大荒的北部，所以，对于观象台上的观测人来说，成都载天山是在西北的位置。这附近的共工之台以昆仑为参照，说"在昆仑之北"，那么这个昆仑也当在观象台的西北面，而不是《大荒西经》里出现于西南部的昆仑。当然，共工之台从方位上讲也是在《大荒西经》里那座昆仑的北方，但因为距离很远，不宜作叙事的参照。再说，只要再分析《海外经》，我们不难在西北这个方位发现确实还存在一座昆仑。

再来看《海外经》与《海内四经》里的昆仑。

在这部分引文中，只有两处是直接描述"昆仑"的，即引文3与引文6。

《海外南经》所记载的这一座昆仑虚（引文3）在21个条目中属于条目16，按从西南角到东南角的叙事顺序推定，其位置已处于观象台的东南方。将《大荒南经》与《海外南经》作对照，可以认定这座昆仑虚与《大荒南经》里的俊坛对应，此昆仑虚"四方"，而俊坛亦"四方"。另外，俊坛的位置与此昆仑虚的位置一致。俊坛是放在重阴之山这个位置来叙述的，而重阴之山是在去痊山的东边，挨着融天山。去痊山是南部这一列山的中心点，对观象台来说，俊坛便是在东南部了。因此，此昆仑虚不可能是引文1所说的昆仑之丘，也不可能是引文2中用来定位共工之台的昆仑。故在此撇下不论，再看其他引文的昆仑。

《海内西经》与《海内北经》也各有一个条文直接描述昆仑，即条文6，其余条文都是在描述其他物象的时候以昆仑之虚作为参照物加以定位。不过，条文6的昆仑之虚位置也很明确，即"在西北"。《大荒经》与《海外经》是共一个观象台的，《海外经》西北角也是《大荒经》的西北角。正因为是在西北方向，叙事者可以将它放在《海内西经》，也可以放在《海内北经》，甚至放在《海外西经》。

西南方的"昆仑之丘"与西北方的"昆仑之虚"有很明显的区别。

第一，名称不同。一座叫昆仑之丘，一座叫昆仑之虚。后人无视这一小小的差别，其实作者是有意为之，以示区别。

第二，地理位置不同。一座在西南角，一座在西北角。西北角的昆仑之虚不仅比昆仑之丘海拔高，而且所处的地势也高一些，这里是多条河流的发源地。河水发源于昆仑之虚的东北隅，是唯一一条向北流的河流，它先流入附近的渤海，然后向北从禹所导积石山这个地方流走了①。

需要说明的是，这里的"河"并非目前所说的黄河，它不过是一条发源于昆仑之虚的一条小河而已，而且是从北边积石山这个位置流出了大荒的范围。《大荒北经》与《海外北经》这两个异文对这都有较为详细的记载。《大荒北经》云："大荒之中，有山名曰先槛大逢之山，河济所入，海北注焉。其西有山，名曰禹所积石。"《海外北经》云："禹所积石之山在其东，河水所入。"先槛大逢之山是北

---

① 这仅仅是一种传说。

边大荒之中七座坐标山从东往西数的第三座，在北极天枢山的东面。准确地说，这条河水是从积石山与先槛大逢之山之间"潜流"出去的，所以《大荒北经》说先槛大逢之山是"河济所入"，而《海外北经》说禹所积石之山是"河水所入"，是同一回事。虽历经千年，但无人明了"河水所入"的"入"字为何意，其实说的无非就是这条河水从这个位置流出了大荒的范围，就像《大荒西经》里说的"日月所入"一样，是日月沉入山里，再也看不见了。既然这条河发源于西北部的这座昆仑之虚，又很快流出了视力范围，那么，这条小河就一定不是目前所说的黄河。

发源于昆仑之虚的河流除了这条河流之外，还有赤水、黑水（上游叫洋水，故云"洋水、黑水出西北隅"）、青水（上游叫弱水，故云"弱水、青水出西南隅"），这三条河流都是流向西南方向的。黑水被描绘成"南入海，羽民南"。青水则被描绘成"过毕方鸟东"。无论是羽民还是毕方鸟，都位于南边。这与《大荒南经》可以互为印证。南边七座大荒之中山分别是：天台高山、涂之山、融天、去痓、不姜之山、不庭之山、衡石山。黑水是从不姜之山这里流出去的，《大荒南经》云："大荒之中，有不姜之山，黑水穷焉。"在流出视力范围之前，黑水形成一个水潭，这个水潭在不庭之山附近，《大荒南经》云："大荒之中，有不庭之山……有渊四方，四隅皆达，北属黑水，南属大荒。北旁名曰少和之渊，南旁名曰从渊，舜之所浴也。"从构拟图可以看得很清楚，不庭之山紧挨着不姜之山，都处于大荒一带，所以有"北属黑水，南属大荒"之说。黑水流经的这个水潭，又分为南北两部分，南部叫从渊，传说舜在这里洗过澡。荣山又挨着不庭之山，自然是《大荒南经》所说的"黑水之南。"

青水从昆仑发源之后，也一直往南流，在毕方鸟所在的这个方向流出视力范围，而黑水是在羽民国所在的方位流出视力范围。在

《大荒南经》里，羽民国是在毕方鸟的东边，所以，青水是在黑水的东面，并与之大致平行。赤水更靠东，是在挨近三苗国这个方位流出视力范围的。《大荒南经》云："南海之中，有泛天之山，赤水穷焉。"这是《大荒经》里唯一一条没有流出视力范围就"穷尽"的河流，它可能是被山挡住了，也可能是汇入了别的河流。

《海内西经》描写的昆仑之虚，其实在《海内经》里也有出现，只不过这里没有称为昆仑，而是叫做幽都之山："北海之内，有山名曰幽都之山，黑水出焉。其上有玄鸟、玄蛇、玄豹、玄虎、玄狐蓬尾。"判断幽都之山就是昆仑之虚的理由有二：一是《海内西经》里的昆仑之虚被称为"帝之下都"，而这里称为幽都。之所以这里称为幽都，是因为这里处于北方，北方是太阳没入地下的方位，主幽暗，因此传说这里有玄鸟、玄蛇、玄豹、玄虎、玄狐蓬尾，一切都是黑的。二是都是黑水的发源地。《海内经》里的黑水同样是从西北这个位置流向西南方。

《海内东经》还出现了三次"昆仑"这个名称，即引文11与引文12。《海内东经》是后人改动、添加内容最多的一个部分。在《大荒经》之下的《海内经》对"东海"只有一句话描述，内容极少，因此与之对应的《海内东经》内容也不会多。正因为如此，《海外经》之下的《海内经》被分为四经之后，深感内容缺乏，便大肆添加，包括从《水经》里抄录了很多内容。引文11也极有可能是添加的，要知道，在环形大荒之内，流沙是在西部的一条河流，在东部没有流沙河。如果不是作者任意添加，而只是把描述西部的语句挪到了东部，那这一昆仑也只能是以上处于西北或西南那两座昆仑中的一座。另外，《海内东经》开头一句便点明了本文将叙述的地理范围："海内东北陬以南者。"也就是说，它讲述的是从东北角到东南角，可是，引文12又说昆仑山"在西北"，可见后人因弄不清《海内四经》的叙事语境，任意将一些当时认识到的真实地理与原文杂糅在一起。

　　《五藏山经》与《海经》是两部不同性质的古籍，前者由社稷祭祀词改编而成，因而其地理位置难以确定。但是，其关于几条河流的描述与《海经》实有几分吻合。《西山经》云："西南四百里，曰昆仑之丘……河水出焉，而南流注于无达。赤水出焉，而东南流注于氾天之水。洋水出焉，而西南流注于丑涂之水。墨水出焉，而四海流注于大杆。是多怪鸟兽。"吻合之处是这个昆仑同样是河水、赤水、洋水、墨水（黑水）的发源地。另外，《大荒经》里的赤水在"氾天之山"便穷尽了，而这里是注入"氾天之水"。前文说过，《大荒经》里的赤水是唯一一条未流出大荒之外，在"海内"便穷尽的河流，所以很可能是后人传抄时将"氾天之水"该抄成"氾天之山"。在《大荒经》里的西部，除了流沙、黑水、青水，没有大的河流，那么这条"氾天之水"是一条怎样的河流呢？氾，是指分流出主流之后又流回到主流的河流，所以，这"氾天之水"不是什么大的河流，很可能是青水的一条氾水。当然，赤水并未在这里穷尽，它还继续流出大荒之外。

　　引文7、8、9、10都是以昆仑之虚为参照来确定西王母、帝台、蟜、范林的地理位置的。说明西北部昆仑之虚的地理位置与这些事项很近。

　　以上分析可以比较合理地将《大荒经》（包括其下的《海内经》）与《海外经》（包括其下的《海内四经》）里关于这几条河流的发源、流向等描述整合起来，无论这种描述是放在《大荒经》还是放在《海外经》，都不会自相矛盾、难圆其说。

　　分析完这三座不同的昆仑之后，我们再来看看这三座昆仑的性质。先看看昆仑山为何神所居。三座昆仑的神灵有所不同。

参照《大荒经》与《海外经》可以发现,《海外南经》里位于东南部重阴之山附近的昆仑虚,在《大荒南经》里被称为俊坛,所以,处于东南部的昆仑虚可能是祭祀帝俊的地方。

西北的昆仑之虚是"帝之下都",既然是下都,则暗示了这属于天帝所有,只有天帝才会在地上有下都,天帝常住在天上。除了它是帝之下都之外,还有别的附属神居住。《西山经》云:"神陆吾司之,其神状虎身而九尾,人面而虎爪;是神也,司天之九部及帝之囿时。"这个叫陆吾的神,其实就是《海内西经》里所说的开明兽:"开明兽守之……开明兽身大类虎而九首,皆人面。"两处的形象描述极为相似,其差异只是一说九尾,一说九首,都是昆仑虚的守护神。需要强调的是,西北这座昆仑与西王母无关。在《海经》里这座昆仑之虚可谓最浓墨重彩了,但没有关于西王母的只言片语,而且《海内北经》明确地指出西王母是在昆仑虚的北面:"西王母梯几而戴胜杖。其南有三青鸟,为西王母取食。在昆仑虚北。"

处于西南部的昆仑之丘是西王母所居之处。需要说明的是,《海经》里面西王母其实有两个,一个主管新生(起死回生),一个主管死亡。处于西南部昆仑之丘的西王母是主管死亡的。

(编辑:米海萍)

# 论《山海经》中昆仑的实义所指
## ——兼议与其相关的物类事象

黄 刚[*]

**摘 要**：《山海经》中的昆仑，实际指的是高山中物类品种众多，且物产种类分明的意思，亦即为高大的物象。它在书中是典型地标方位的象征，具有确定的指向性。《山海经》从不同角度对它进行观察，意在凸显它的外部环境，着意刻画了与其互为关联的物类事象。鉴于其地理优势，昆仑高大物象的实义内涵，使得《山海经》中所显露的昆仑神境既具有奇异的特质，又蕴含着神话色彩。这也是尊天帝而进行祭祀活动的象征，并形成了拜祭礼制的构成要素之一。《山海经》中昆仑物类事象的形成，对昆仑形象的演变与发展，有着不可忽视的积极影响。

**关键词**：山海经 昆仑 实义所指 物类事象

古往今来，先贤时哲多对昆仑山加以关注和研究，但是对它的认识和解析却众说纷纭，莫衷一是，而对于昆仑地望的探讨与争议，尤为激烈。清儒万斯同博考众书，对古籍文献关于昆仑的诸说异见进行了比较细致地考证和分析，最终认定《山海经》中对昆仑的记载切实可靠[1]，但没有对该书所述的昆仑地望及其含义做出确解。刘宗迪先生便根据万氏的考证来对《山海经》的昆仑原型做出判

---

[*] 黄刚，中国人民大学文学院博生研究生，研究方向为经学与先秦两汉文学。

断，认定它是对古明堂之状的摹写[2]。早在20世纪80年代，就有学者提出昆仑并非实际存在的山脉，而是一种想象力的虚构，其代表为顾颉刚先生，他认为《山海经》中"昆仑区的地理和人物是从西北传入，其人物是西北民族的想象力所构成，其地理含有西北的实际背景，但不能实定其确切的所在"[3]。顾氏用当时的实际地理版图去考查古代的文献记载，陷入了以今视古的误区，尽管考述详审，但并不能完全站得住脚，所以也就引发了一系列对昆仑进行深入探讨和研究的问题。

对于昆仑的考辨与探索，仍然是近年来研究昆仑及其相关文化特征的热点之一，尤其在对昆仑地理方位的考察上，异见迭出。与顾氏之说恰恰相反，并具有代表性的论断当属冯广宏之见，他首先肯定"昆仑是西部地理实体"，并结合古史典籍与近人的考证材料，得出"《山海经》昆仑丘可定位于今新疆库木勒盆地"的结论[4]。在将《山海经》中的昆仑看成是现实存在的问题上，有更多的支持者，但是他们对昆仑地望的判定，也各不相同。有学者认为是居于现今昆仑山脉与祁连山脉的西北段[5]，有主张青海高原说的[6]，也有主张鄂尔多斯高原说的[7]，还有提出昆仑地处横断山脉说的[8]，甚至有人认为它位于中国之外[9]，等等。进入21世纪以来，仍有详加考辨其具体方位的成果面世，如昆仑为越过陇山山脉至甘青境内说，昆仑即现今新疆与西藏间的昆仑山脉[10]，这一说法慢慢地居于主流。但仍有诸多异论，代表性的说法有：黄崇浩的昆仑为秦岭说[11]，金宇飞的昆仑为贺兰山说[12]，贾雯鹤的昆仑原型为岷山说[13]，王天峰的古昆仑即五台山说[14]，等等。综观诸说，总体可以分为两大类，一类认为《山海经》中的昆仑为虚写，另一类为实写。为什么同是面对《山海经》的文本，同是研究昆仑现象，竟会出现如此大的争议呢？首先是因为古籍文献的记载本身存有异议，直接导致了学人争立新说局面的产生。再者，由于先贤时哲都想以古证今，或以今求古，便会导致各自站在各自的学科立场去辨析昆仑的原型特点及地理方位，他们或从地理学角度去循迹，或从文化起源的根由上去追溯，或在古籍文献中全面地搜索与考证，但是这些方法均属于游离于《山海经》文本之外的研究方法，并没有站在《山海经》文本的内部去挖掘昆仑的实义，也并没有去探讨为什么《山海经》一书会浓墨重彩地描写昆仑的物类事象，更没有深入地去分析昆仑形象在历史文化早期的演变与发展。换言之，《山海经》中对昆仑的直叙和侧写，又究竟有何用意？这昆仑二字又有着怎样的文化内涵？先秦两汉时期的文献是如何看待昆仑的实义所指的？这些均是面对《山海经》中昆仑物类事象的探讨所不容忽视的问题。因此，有进一步对其加以解析和深究的必要。

## 一

对于"昆仑"的记载，《山海经》中《西山经》《北山经》《海外南经》《海内西经》《海内北经》《海内东经》《大荒西经》和《大荒北经》均有描述。《山海经》中提到昆仑的字样共20处，关涉有昆仑、昆仑山、昆仑之丘、昆仑之虚、昆仑之阳、昆仑南渊及昆仑虚诸种说法，它们均以昆仑为参照标准，来对所描述的对象加以叙写。其中三处比较直接地对昆仑状况进行了描述，分布于《西山经》《海内西经》和《大荒西经》中，其余各处对昆仑的刻画，均属于侧面烘托的表现形式，重在借鉴它的地标性质，对所发生的故事或事件，加以渲染和拟写。有的也只是以把"昆仑"作为地理坐标来进行考察，如《海外南经》仅是简洁地描写了昆仑虚的概貌。作为地标的昆仑山，既为其他山地的方位提供参照，又具有风格迥异的文化特征。如《西山经》里钟山之子"鼓"在昆仑的南边杀害葆祖；《海外南经》里的羿在昆仑虚东边的寿华之野杀死"凿齿"；《海外北经》中的禹在"九山"杀"相柳"后"为众帝之台"时，特别强调"在昆仑之北"，且《大荒北经》与《海外北经》记叙的故事近似[15]；《海内北经》里的三青鸟为西王母取食，也发生在昆仑虚之北，指出"帝台"的方向，在昆仑的东北方，并注意到人虎纹路相间的蜦，仅是出现在昆仑虚北；而昆仑虚南边，又有大片泛林。这些有意识地凸显昆仑地缘所在的故事，是从它的东、南、东北、正北四个方向，来加以描写的，而它本身就地处西方。从古代地理文化的角度来看，叙写"昆仑"的地理形貌，反映出古人认识自然界带有"天圆地方"的观念，其东西南北的方位感比较强。而以昆仑为主要描写对象的记述方式，不仅是再次强调了它的地标特征，也更强化了它的文化旨趣，即昆仑的周边环境中的文化事件，也可能与其存有关联。而这种文化关联的因子，就表现在物类事象出现的神圣性上，以及与事件发生系联的神化性，借此来彰显昆仑地标的神奇特质与灵异感。

《山海经》对昆仑的观照，运用的是内外结合、互参比对的方式。既从其周围环境来对它进行侧面点缀，也对其地理方位及文化因素进行粗略描绘。在对其具体方位加以描述时，关于它的地望方位，存有三种不同说法：一是《西山经》的"西南四百里"说，二是《海内西经》的"西北"说，三是《大荒西经》的"西海之南"说。这里看似矛盾，但实际上是因各自的参照物不同所致。"西南"说的对象，是以华山为准；"西北"说是站在"海内西南陬以北"的立场来判断，这仍是西南方向；"西海之南"说是将它放置"西北海之外"来看。据此可知，"昆仑"大致位于华山的西南向，相当于现今地理版图的青海省一带[16]。且，《山海经》对"昆仑"的刻画，既是多角度地加以表现，又是由内而外地予以审视，更是由近及远地逐级进行考量。在确定它的地理方位后，《西山经》对昆仑的气韵和神采做出了评定，从"槐江之山"，"南望昆仑，其光熊熊，其气魂魂。"[17]这就给整个昆仑的内在气势，定下了一个恢弘壮阔的基调，也透射出其文化内涵中包罗万象的气质。所以在描写昆仑的风貌特质时，《山海经》中的昆仑景境，不仅奇谲诡异，而且充满想象力和夸张感，也被涂上了神话色彩。而对于昆仑原型的塑造，其撰写的程序，在确定方位的思路上，条理是清楚的，层次也是分明的，这与昆仑一词的本义内涵一脉相通。

## 二

《山海经》所记载的昆仑之境，富有神话意味，堪称昆仑神境。其中的物类事象种类繁多，奇谲怪异，但在这些昆仑景观的物类事象中，物种以类相从，并秩序井然地呈现其外部特征。昆仑之境所显出的外部特征，既是昆仑实义所指的缘故，也是《山海经》文本着意凸显的效果。

《海外南经》有曰：

> 昆仑虚在其东，虚四方。一曰在岐舌东，为虚四方。[18]

对于"虚"字的理解，郭璞注："虚，山下基也。"《尔雅·释地》："三成为昆仑丘。"毕沅："是'昆仑者'，高山皆得名之。"袁珂先生补充道："昆仑旧本亦作崑崙，盖从俗书也。"[19]这就指明了昆仑本义为高大之山。虚指高大之山的根基，可以覆盖四方，形容昆仑所占面积的广阔。文中涉及的昆仑虚、昆仑丘等词组，意义近似，只不过丘侧重于对其总体形态的拟写。下面再析分"昆"和"仑"各自的含义。

首先看"昆"字，《说文解字·日部》："昆，同也。"段玉裁注写道：

> 《夏小正》："昆，小虫。"《传》曰："昆者，众也。"……小虫动也。《王制》："昆虫未蛰。"郑曰："昆，明也。明虫者得阳而生，得阴而藏。"以上数说兼之而义乃备。[20]

"昆"字从日，具有日照的光明之义，取象于明亮的光线。该字亦从"比"，便又有比对相同之义，取象于众多昆虫动向一致的趋同性。所以段注才说"昆"字兼备明、众及动三种义项。对于"昆"字而言，同的义项，源自物种众多聚集之义。所以它的本义即指物类众多，显出聚集之象。昆的这种含义在《山海经·中山经》中也可以见到，其文曰："昆吾之山，其上多赤铜。有兽焉，其状如羊而有角，其音如号，名曰蚖，食之不眯。"郭璞注："此山出名铜，色赤如火，以之作刃，切玉如割泥也。"[21]昆吾被称作山。昆，取其异物众多之义。山中既有赤铜，又有神兽蚖，所以才称其为昆。由此看来，神境被命名为昆仑，取的是昆字字义的内涵：物类事象种类繁多，有聚集之象。

再看"仑"字，《说文解字·人部》："仑，思也。从亼从册。"段玉裁写道：

> 龠下曰："侖，理也。"《大雅》《毛传》："论，思也。"……思与理，义同也。……凡人之思，必依其理。伦、论字皆以侖会意。……聚集简册，必依其次第，求其文理。[22]

仑字，与人的思维活动发生联系，按照次序去编排简册，条理分明。所以它的本义为编纂，大有类例分明之义。再如，《山海经·南山经》云："仑者之山，其上多金玉，其下青膔。有木焉，其状如榖而赤理，其汗如漆，其味如饴，食者不饥，可以释劳，其名曰白，可以血玉。"[23]仑山之名，多因物产丰盛，且类例分明。金玉和青膔，分列山上山下，秩序清晰，显出两端的层次感。另外，白，系白色的木质，有着赤红色的纹理，所以具有血玉的功能，木质白赤相间，外显的颜色分明。仑山，奇物迭出，措置的物象类例有别，而且各种物产的纹理清晰。

"昆"指物类繁众，"仑"指对物类事象加以编次安排，并且类例分明，故两者合成的昆仑一词，便指高大之山中的物象众多，而且种类分明。由此而论，《山海经》记载的昆仑之境则体现出：昆仑神境，旨在用以表示它外露的形态特征。对于《山海经》中昆仑之义，也便由此可知：其内涵是对物类事象集众繁多的包容，依此而表现出条理清晰、分列有序的外部形态。昆仑之名的由来，则取象于神境高大广阔的形态特征及其恢弘磅礴的内涵。对于昆仑的本义内涵，李炳海先生的见解十分深刻，他指出："昆仑神境的物象洋洋大观而又井然有序，这是昆仑一词的本来含义"[24]，这实际上也就指明了昆仑的实义所指的物类事象，包含有高大与物类分明之义。

## 三

反观解经的字书，作为中国古代第一部辞书的《尔雅》，对"昆仑"一词也作了解释。《释地》曰："西北之美者，有昆仑虚之璆琳琅玕焉。"[25]这里指出昆仑物美的包容性特征；《释水》又曰："河出昆仑虚，色白。"[26]这又指出流经昆仑之河的水质特点。基于这两点，都可以看出昆仑在《尔雅》的解释系统里，具有神奇和美丽的外露特质。而对其形体加以着重凸显的是《释丘》，从地理的形貌特征去认识昆仑的体态，其文曰："丘，一成为敦丘，再成为陶丘，再成锐上为融丘，三成为昆仑丘。"[27]按照这种解释，三层重叠之丘称为昆仑丘，昆仑是累积、重叠之义，着眼于山体的纵向延伸的立体形态。

依此去考察《山海经》中描述的昆仑之境。《山海经·西山经》意在展示昆仑之境的物象，采用的基本是平面推移的方式。昆仑神境中出现的各种猛兽珍禽、奇草异木，处于同一平面上，并没有鲜明的层次感。《山海经·海内西经》对于昆仑的描写，基本上也是视其为同一平面，从整体到局部，并由外及内地加以叙写。将《西山经》和《海内西经》有关昆仑的描述加以对比，便可发现二者之间的差异。《西山经》对昆仑景观作纯粹的平面展示，没有往纵向延伸，只是处于同一层面的平台。《海内西经》也采用了平面推移的方法，但已经出现立体伸展的趋向，其文写道："海内昆仑之墟在西北，帝之下都。昆仑之墟，方八百里，高万仞。上有木禾，长五寻，大五围。"[28]这里既提到昆仑之境广阔的幅员，又突出昆仑山的高度，点明其所生长出的木禾的高度。这便提供了一种信息：预示对昆仑物象的描写，有可能往纵向延展的空间，而不局限于单一的平面推移。

而以纵向延伸方式表现昆仑之境的文学作品，首见于屈原创作的《天问》，其文写道："昆仑县圃，其居安在？增城九重，其高几里？"[29]此处昆仑神境有多重高城，它的高度要以里数计算。屈原根据当时有关昆仑的传说来发问，这说明到战国后期昆仑神话已经发生演变，各种景观不再像早期那样置于同一平面上，而是朝着纵向延展，直指苍天。稍后的《淮南子·地形训》继承了《天问》对昆仑描写的方式,进一步沿着空间上升的方向扩展,其文写道:"中有增城九重,其高万一千里百一十四步二尺六寸。上有木禾,修五寻。……昆仑之丘,或上倍之,是谓凉风之山,登之不死;或上倍之,是谓悬圃,登之乃灵,能使风雨;或上倍之,乃维上天,登之乃神,是谓太帝之居。"[30]通过观察《淮南子·地形训》和屈原《天问》对昆仑物象发问的比较,可以看出两者对昆仑的描绘均是在沿着物体纵向发展的空间延伸。《天问》只提到昆仑"增城九重",指的是九层高城;《地形训》把它的高度说得具体,精确到了尺和寸的度量单位。《天问》对昆仑悬圃未加详明,而《地形训》则把悬圃作为昆仑所具的物象,向上天加以伸延。由此可见,《淮南子·地形训》描写的昆仑物象是立体多层面的。

对于昆仑物象的纵向高度,随着时间的推移,神话传说对它的描述呈现为逐步升高的递增趋势。《山海经·海内西经》称它"高万仞",到了《史记·大宛列传》所记载的昆仑,高达二千五百余里,再到《淮南子·地形训》中昆仑的垂直高度竟达三万多里,并且是九重三界。再往后,托名东方朔所作的《十洲记》称昆仑"山高平地三万六千里"[31],转至晋代,王嘉《拾遗记》卷十对昆仑如是写道:"昆仑山有昆陵之地,其高出日月之上。山有九层,每层相去万里。"[32]由此而观,昆仑山的高度在不断地被增添,可以从万仞之状演进到上接于天,甚至远出日月之上。

对昆仑物象的描写,先秦两汉时期的文献多聚焦于它往纵向延伸的发展态势,这个演进程式是从屈原的《天问》而初肇其端的,到《淮南子·地形训》时已基本成型,大致的时间为战国后期至西汉中期,该阶段与《尔雅》的成书时间大致相吻合。[33]所以《尔雅·释丘》从纵向延伸的高度去解释昆仑之义,立足于先秦两汉时期的文献依据,反映出昆仑物象演变的走势。换言之,"昆仑"一词包含有高大的物类事象之义，是可以成立的，且在先秦两汉时期一直得到沿用，并对其高大的义项从外部的显性特征加以逐级提升与演绎。

## 四

《山海经》的《西山经》和《海内西经》在描述昆仑神境时，或称"是实惟帝之下都"，或云"海内昆仑之虚，在西北，帝之下都"。这两则昆仑神话对天帝都是仅此一句而已，并无过多地渲染。但它提及的昆仑之境已与上天的神灵发生了关联，这又与昆仑高大的实义所指一脉相承。

《西山经》和《海内西经》写到昆仑之丘或虚（即大丘）是"帝下之都"，将天帝与山丘联姻，有尊天敬神的祭祀思想。后来的《淮南子·地形训》就提到："昆仑之丘，或上倍之，是谓凉风之山，登之不死；或上倍之，是谓悬圃，登之乃灵，能使风雨；或上倍之，乃维上天，登之乃神，是谓太帝之居。"高诱注："太帝，天帝。"[34]《淮南子》就延续了《山海经》中昆仑与天帝之间的关联作用，并进一步深入到神幻的境界。《史记·封禅书》继续深挖这一精神，其文有云：

> 上欲治明堂奉高旁，未晓其制度。济南人公玉带上黄帝时明堂图。明堂图中有一殿，四面无壁，以茅盖，通水，圜宫垣，为复道，上有楼。从西南入，命曰昆仑，天子从之入，以拜祠上帝焉。……天子从昆仑道入，始拜明堂如郊礼。[35]

司马迁就结合《山海经》中昆仑的地理位势和尊天帝的文化意蕴，演绎出了明堂礼制中祭祀上帝的"郊礼"。自《山海经》时代至汉武帝时期，昆仑物象的内涵由原生态的尊天神思想，演变成初具礼制规模的崇拜上帝之祭祀礼。《山海经》中的昆仑，作为与天帝发生关联的物类事象，早已存在。换言之，昆仑的高大义项所指，寄寓着浓厚的祭祀文化内涵，具有原始崇拜的思想深度和历史价值，也对先秦两汉时期昆仑物象的演进产生了一定的影响。李炳海先生指明道："原始宗教的天国圣地称为昆仑，取其洋洋大观而又井然有序之义，这种做法反映出中国原始宗教的思维特征。"[36]此言甚是。

对于昆仑物象高大至极的实义内涵而言，屈原的《天问》认为它是"增城九重"，《淮南子·地形训》把它描绘成与天界相连的画面，《史记·封禅书》视其为通往天庭的必经之道。昆仑极高的实义所指，足以与天界接壤。换言之，昆仑之境往高大方向的延伸，是能够与天帝发生联系的。依此而论，昆仑物象从《山海经》开始，就已经被说成是"帝之下都"，是天帝在下界的都城，这就使得"昆仑"一词具有内在的张力，存在空间上往高处提升的可能。

综上所述，《山海经》中的昆仑，实义指向为高大之山的物类事象，取其品种众多、秩序分明之义。《山海经》中《西山经》《海外西经》与《大荒西经》对其加以直叙式地描述，重在凸显昆仑神境的外部特征及其相关物类事象，其他各篇章均通过侧写的记述方式来对昆仑加以关注，而且多是围绕神话色彩浓重的故事，来对昆仑的地标性质加以凸显。这种安排有序、物类分明的表现方式，与昆仑的实义所指也一脉相连。《山海经》中昆仑高大事象的原型，在《天问》和《淮南子》中得到借鉴，趋于外部性特征的具体化、细致化及精准化演变，经过对《山海经》昆仑原型的体态之演变，加上昆仑与上帝之都的关联作用，便逐渐与祭祀上天的神灵发生联系。《史记》中对昆仑的尊天思想及高大意象加以诠释，引申出祭祀上帝的礼仪制度。尽管昆仑与祭祀沟通的关联，是在政治意识形态下发生作用的,然而这一演进,均与《山海经》中昆仑的高大意象,以及它品类繁多、类例分明的实义所指息息相关。这也就决定了昆仑本义内涵的外在因素,从直观上而言,在于体现出它的地缘优势,也是《山海经》通过对昆仑物象进行直接铺叙与间接侧记两种表现形式来完成的。

**参考文献**

[1] 清人万斯同根据历史文献,"博考古书",详述关于昆仑的十几种说法,其文有云:"其言昆仑约有十余家。其在《禹贡》则言……昆仑……此为一昆仑也。其在《禹本纪》则言昆仑高二千五百里,去嵩高五万里,居天地之中。……此又一昆仑也。《山海经》志昆仑凡三,其在《西次三经》则曰:'昆仑之丘……'其在《海内西经》则曰:'海内昆仑之墟……'本止一山,而两言之者,盖此经非出一人,故所载有详略,而实非二山也。此又一昆仑也。其在《大荒经》则曰:'有大山名曰昆仑之墟……'此又一昆仑也。《尔雅》谓河出昆仑虚……《淮南子》记昆仑之墟……此袭《山海经》之说,无二山也。其在《史记》……天子乃按古图书,名河所出山曰昆仑云。则是山本无名,特汉武加以此名尔。此又一昆仑也。班固、范晔二书同《史记》。其在《晋书》,则谓凉张骏时,酒泉太守马岌言酒泉南山即昆仑之体,汉武帝宴西王母于此,请建祠以祀西王母,骏从之。此又一昆仑也。在《新唐书》,则谓河之上流,由洪济梁西南行二千里,水益狭……其南三百里有三山,中高而四下,曰紫山,古所谓昆仑也……此又一昆仑也。其在《元史》,则谓河源在吐蕃朵甘思西鄙,有泉百余泓,名火敦脑耳,华言星宿海也。行几一月,朵甘思东北有大雪山。名亦耳麻不莫剌,其山最高,译言腾乞里塔,即昆仑。此又一昆仑也。明太祖则谓邓愈……追至昆仑山,西行数百里,至雅令阔之地。此又一昆仑也"(谭其骧:《清人文集地理类汇编》卷一,浙江人民出版社,1988,第560~561页。万氏还有《禹贡昆仑辨》一文主张《山海经》中昆仑之说可信)。万氏梳理文献,主从《山海经》对昆仑的记载所述,实为可信。今人刘宗迪先生也是根据万氏对昆仑的考证,来对昆仑原型加以求证和考述(详参其文《昆仑原型考》,《文化研究》2003年第3期)。

[2] 刘宗迪：《昆仑原型考》，《文化研究》2003 年第 3 期。
[3] 顾颉刚：《〈山海经〉中的昆仑区》，《中国社会科学》1982 年第 1 期。
[4] 冯广宏：《〈山海经〉昆仑丘解读》，《文史杂志》2003 年第 1 期。
[5] 黄文弼：《西北史地论丛》，上海人民出版社，1981，第 99 页。
[6] 徐旭生：《中国古史的传说时代·读山海经札记》，文物出版社，1985，第 295 页。
[7] 王红旗、孙晓琴：《经典图读·山海经》，上海辞书出版社，2003，第 16 页。
[8] 扶永发：《神州的发现》，云南人民出版社，1992，第 11 页。
[9] 宫玉海：《谈谈如何解开〈山海经〉奥秘》，《长白论坛》1994 年第 3 期。
[10] 王钟翰：《中国民族史》，山西教育出版社，2004。
[11] 黄崇浩：《昆仑即秦岭考》，《中国文化研究》2007 年第 3 期，第 105 页。
[12] 金宇飞：《〈山海经〉中"昆仑"地理位置新探》，《宁夏大学学报》2007 年第 6 期，第 85 页。
[13] 贾雯鹤：《昆仑原型为岷山考》，《四川大学学报》2009 年第 2 期，第 5 页。
[14] 王天峰：《古昆仑即五台山考》，《五台山研究》2011 年第 4 期，第 44 页。
[15] 《大荒北经》描述的是："禹湮洪水，杀相繇，……三仞三沮，乃以为池，群帝因是以为台。在昆仑之北。"
[16] 徐旭生：《中国古史的传说时代》，文物出版社，1985，第 295 页。此外，赵宗福先生也通过对文献的梳理，得出近似的结论，他认为："从古籍中'河出昆仑'的反复记载和历代对河源昆仑的寻求，表明国人千万年来有一个共识，这就是昆仑山在黄河源头地域，也就是今天的以三江源为中心的青海高原地区"（详参其文《论昆仑神话与昆仑文化》，《青海社会科学》2010 年第 4 期，第 8 页）。
[17][18][19][21][23][28] 袁珂：《山海经校注》，巴蜀书社，1993，第 53、241、241、148、22、344~345 页。
[20][22] （清）段玉裁：《说文解字注》，上海古籍出版社，1981，第 308、85 页。
[24][36] 李炳海：《原始宗教灵物崇拜的载体——洋洋大观而又井然有序的昆仑》，《世界宗教研究》2005 年第 1 期，第 121、128 页。
[25][26] （清）阮元：《十三经注疏·尔雅注疏》，中华书局，1980，第 2615、2620 页。
[27] （清）郝懿行：《尔雅义疏》，上海古籍出版社，1983，第 851~852 页。
[29] （宋）洪兴祖：《楚辞补注》，中华书局，2006，第 92 页。
[30][34] 刘文典：《淮南鸿烈集解》，中华书局，1997，第 135、135 页。

[31] 托名东方朔撰:《十洲记》,上海古籍出版社,1995,第 7 页。
[32] 王嘉撰、萧绮录:《拾遗记》,中华书局,1981,第 221 页。
[33] 胡奇光:《尔雅译注》,上海古籍出版社,1999,第 4 页。他认为:"《尔雅》的初稿成书于战国末、秦代初,到西汉初期,《尔雅》经全面修改而定稿。"这也是目前学界普遍的一种共识。
[35] (西汉)司马迁:《史记》,中华书局,1982,第 1401 页。

(编辑:米海萍)

# 庄子与昆仑神话

齐 昀[*]

**摘 要：** 庄子深受昆仑神话的影响。庄子哲学的核心部分全生思想，就来源于昆仑神话基本观念——不死的观念。两者都是对人生意义的求索。虽然其实现的路径不同，思索的问题也不在同一思维层面，但都在试图突破人自身的有限性而达到无限自由，从而实现人类永恒的价值。

**关键词：** 庄子　昆仑神话　不死观念

## 一

在中国文化史上，庄子算得上是特立独行的一位哲人。他生活在诸子并出、百家争鸣的时代。可以说，除了庄子而外，争鸣的诸子都是鸣给侯王听的，都希望一朝得志，能在政坛上大展宏图，一显身手，故而战国游士纷纷奔走于诸侯之门。只有庄子才会怡然自得地在濮水独自垂钓，并断然拒绝卿相的尊位，千金的重利。[1]庄子的话自然也不是说给侯王们听的，所以他才可以随心所欲，机变百出："以谬悠之说，荒唐之言，无端崖之辞，时恣纵而不傥，不奇见之也。以天下为沈浊，不可与庄语。"[2]文风也瑰奇恢诡与诸子迥乎不同。这当然可以让我们视庄子其人为"狂人"，视其言为"狂言"。狂人发

---

[*] 齐昀，青海师范大学人文学院副教授，研究方向为中国古代文学与文化。

狂言的背后，我们可以看到庄子对于利禄的鄙薄，对于功名的厌倦。对现实的功利世界不屑一顾的庄子，却对想象中的方外世界情有独钟。庄子的话语是"寓言十九，重言十七，卮言日出"[3]的奇幻而又真实的话语，闻一多先生曾说："《庄子》书里实在充满了神秘思想。"[4]这种"神秘思想"当是指庄学的"巫魅性"或曰"神话思维"的特征。《庄子》中充盈着对于"吸风饮露，不食人间烟火的藐姑射神人"[5]的悠然神往，对于以混沌之术治国的黄帝"至德之世"的倾心期盼。所谓"庄周世界"就是"昔者庄周梦为胡蝶，栩栩然胡蝶也。不知周之梦为胡蝶与？胡蝶之梦为周与"[6]的现实与梦幻相互交错，物我不分的大化流转世界。

庄子这些离经叛道，迥异儒墨的异端思想渊源何在，应该纳入何种文化系统呢？在学界颇有争议，大致有楚文化说、齐文化说、商宋文化说等几种观点。主齐文化说者其论点主要为：认为庄子是蒙人，蒙在宋灭后归入齐国，所以庄子就是齐人；庄子多次提到海洋，势必熟悉海洋，所以他长居于海滨；以及庄子塑造了很多"真人"、"神人"形象，由此得出他受沿海流行的神仙思想影响的结论。[7]这种说法显然有失偏颇，首先庄子是齐人的说法缺乏论证。其次，真人、神人之类的说法并非沿海才有。再有，《庄子》一书内容驳杂，并非仅仅为庄周自作，已是学界共识。不排除庄子后学之中有齐人，但包含着齐文化的文化因子同庄子源于齐文化是两回事。主其为商宋文化者，主要从庄子不认同周人的历史观，从其颠覆尧舜为圣王的正统叙事的态度，隐含着庄子对于周政权和周文化的激烈抗拒，以及庄子本身浓厚的巫魅性正合于商宋文化传统。[8]这种说法貌似合理，但最大的问题在于没有注意到庄子书中随处可见的对于宋人的鄙视和嘲讽，其时宋人以闭塞、愚拙、刻板闻名，所以《孟子》有"揠苗助长"，韩非子有"守株待兔"来讽刺宋人，庄子虽然好"砥疵孔子之徒"，但在对宋人的态度上却与孟韩无异：《逍遥游》就说"宋人资章甫适诸越，越人断发文身，无所用之"。说明宋人在庄子看来愚笨不开窍。又有以"宋人善为不龟手之药者"的寓言来说明愚人拙于用大，宋人空有妙术，却只用来漂洗丝绵，而一朝客以百金买其方，献给吴王，就裂土而封之，这说明庄子认为宋人视野封闭，不知变通；还有《列御寇》中宋人曹商乃是势利小人的代表。凡此种种，都可见庄子对宋人并无好感，当然也不可能是商宋文化的传人。几种说法中影响最大者还是楚文化说。楚文化说源自朱熹，后更有梁启超、王国维、冯友兰等人从不同角度予以认定。楚文化说主要从庄子所在的地理位置入手，从生存环境、文化传统辨析南北之不同，进一步乃有中原文化和楚文化之别。并以为"《庄子》书中，思想文体，皆极超旷"，"思想实与楚人为近"。[9]近年来，杨义先生又作《庄子还原》，试图从《庄子》中的三条内证论证庄子"楚人的文化基因"，从而解决庄子的"宋人楚学之谜"。这三条内证分别是："大鹏"意象，"混沌信仰"以及庄子鼓盆而歌之事。[10]总体看来，庄子思想源出楚学之说较前二者更有说服力。其实，以地域论庄子乃是自我设限，抛开地域文化的局限不难看出庄子文化属性问题的几种说法中有一点是共同的，就是都承认庄子受到了神话的深刻影响。或许，这才是理解庄子思想的关键所在。由于庄子对于神话有着开放接纳的态度，其与神话的密切关系自不待言，甚至有学者认为："庄子哲学是神话思想的转化。神话乃是庄子思想的渊源。"[11]说到庄子与神话的关系，必然首先要讨论庄子与昆仑神话的关系。顾颉刚先生早已视《庄子》为保存中国古代神话的两大渊薮之一（另一渊薮为《楚辞》）。顾先生指出，中国古代流传下来的神话中，有两个很重要的大系：一个是昆仑神话系统；另一个是蓬莱神话系统。"昆仑的神话发源于西部高原地区，它那种神奇瑰丽的故事，流传到东方以后，又跟苍莽窈冥的大海这一自然条件结合起来,在燕、吴、齐、越沿海地区形成了蓬莱神话系统。"战国时期,二者在中原地区大量流传开来,"庄周居于宋,这两种说法都接触到了",故其书兼涵昆仑和蓬莱两大神话系统。由于昆仑神话内涵丰富,传播广泛,连蓬莱神话系统都深受其影响。[12] 由此,赵宗福先生进一步指出:"昆仑神话是中国古代神话的主体"[13]。昆仑文化的广泛传播也许正是庄子文化属性有楚、宋、齐之争的根本原因。无论是商宋文化论者所说的庄子所具的"巫魅性",还是楚文化论者所说的庄子"述超狂恍惚之思"[14],都是其神话思维的反映。杨义先生所论证庄子宋人楚学之谜之"混沌"崇拜,同样证明庄子受昆仑神话影响至深,因为昆仑的别名就是"混沌":

"昆仑"即"混沌"。"混"字古亦作"浑","沌"字古或作"沦",故"浑沌",亦有作"浑沦"者,《列子·天瑞》:"气形质具而未相离,故曰浑沦"是也。"混沦"字又变为"昆仑",《太玄经》:"昆仑磅礴,斯其证也。"[15]

至于大鹏意象及其原型凤鸟则在神话中常见。而凤凰、鸾鸟在《山海经》[16]中都与安宁和乐密切关联,如《西山经》曰:"丹穴之山……有鸟焉……名曰凤凰……见则天下安宁。"《海内经》:"有鸾鸟自歌,凤鸟自舞……见则天下和。"凤鸟并不独为楚人所好,庄子的鲲鹏意象只能说明他深受神话影响而已。齐文化论者引为论据的庄子所塑造的"真人"、"神人"形象,更是直接出于昆仑神话。《山海经》中神人形象极为丰富,这些神人也颇有神奇之处,从庄子所受神话影响来看,昆仑、蓬莱兼而有之,但从总体上看"昆仑神话的成分在《庄子》中要多于蓬莱神话的成分"[17]。由此可见,庄子受到神话的深刻影响,其最重要的部分来自昆仑神话的影响。

## 二

研究庄子所受昆仑神话的影响，当然着力点也是很多的：前人或致力于搜检《庄子》留存的神话片段，或专注《庄子》中神话材料的复原，或着眼于其"隐喻的艺术"和其"诗性智慧"的发掘。这些不同维度的诠释和解读当然有助于我们全方位地把握庄子思想。不过，昆仑神话对于庄子的影响，并非表浅的、外在形式的影响。最为深入的影响乃在于其内在精神的影响，可以说庄子哲学的核心部分就来源于昆仑神话的核心观念。

昆仑神话的核心观念是什么呢？卡西尔曾说："在某种意义上，整个神话可以被解释为是对死亡现象的坚定而顽强的否定。由于对生命的不中断统一性和连续性的信念，神话必须清楚这种现象。"[18]如果我们仔细辨析，昆仑神话对死亡的否定方式就是反复宣示"不死"的观念。

在想象的世界里，《山海经》提到有许多长寿或不死之国，诸如"不寿者乃八百岁"的轩辕国（《大荒西经》）、乘文马可以"寿千岁"的犬戎国（《海内北经》）以及"不死之国"（《大荒南经》）、"不死民"（《海外南经》）和"三面之人不死"的"大荒之野"（《大荒西经》）、"不死之山"（《海内经》）等。《山海经》记载有不死之树。不死之树，在《山海经》中被称为扶桑、若木、建木、寿木。"汤谷上有扶桑，十日所浴，在黑齿北。居水中，有大木，九日居下枝，一日居上枝"[19]。扶桑或扶木即不死之木。还有"大荒之中，有衡石山、九阴山、洞野之上，有赤树、青叶、赤华，名曰若木"[20]。《淮南子》有"若木在建木西，末有十日，其华照下地也"[21]。若木在西，是太阳落脚的地方；扶桑在东，是太阳升起的地方。它们都是不死之木。建木,指天地之中轴和天梯的生命之树。《淮南子》也曰:"建木在都广,众帝所自上下,日中无景,呼而无响,盖天地之中也"(《淮南子·地形训》)。不死木的果实食之不死,实际上也就是不死药。《文选·思玄赋》李善注引此经云:"昆仑开明北有不死树,食之长寿。"《吕氏春秋·本味篇》云:"菜之美者,寿木之华。"高诱注云:"寿木,昆仑山上木也;华,实也;食其实者不死,故曰寿木。"顾颉刚先生曾说:"昆仑是一个有特殊地位的神话中心,很多古代的神话……都来源于昆仑……而保持长生不死,更是昆仑上最大的要求,他们采集神奇的草木,用了疏圃的池水和四大川的神泉,制成不死的药剂。凡是有不当死而死的人,就令群巫用药把他救活。"[22]所以很显然:"昆仑的全部事物笼罩在不死观念的下面。"[23]这些都说明昆仑的实质在于其为不死之仙境。

如果说,昆仑神话中宣示"不死"观念乃是将生命的存在本身视为人的最高的和最根本的价值。那么,在后世的诸子中,循着这一思路追寻人类永恒之路的思想者却并不多。这当然并不是说,生命在这些人看来不重要,只要是人,没有谁会真正漠视生命,尤其是自己的生命。人作为有限的自然存在物,必然面临生死问题。但是和其他物种不一样的是,只有人才有思想,才会思考生死存亡这一根本问题;也只有人才会给予人生种种实践以终极性的价值和意义根据,以求克服生与死的尖锐冲突。在古代中国,主流的思路并没有把生命本身看作一个重要的关怀,更不用说终极关怀了。对儒墨而言,道德和秩序才是他们思考的核心,所以儒家倡导"杀身成仁,舍生取义",这已经不惜以生命为代价求取仁义了,但这还是"老吾老以及人之老,幼吾幼以及人之幼"[24]式的由近及远的差等之爱。墨家更要求墨者"视人之身若视其身"[25]的无差等的爱,为实现理想不惜"裘褐为衣,以屦蹻为服,日夜不休,以自苦为极"[26],甚至"赴火蹈刃,死不旋踵"[27]。这些都在宣示着道德对于生命而言更具有天然合理性和价值优先权。

庄子的思考与他们不同。对庄子来说，首先需要辨析的是道德、秩序是不是我们生活的全部，或者至少是我们生活的重心所在？人的本质到底是社会的还是自然的？生命是为了知识、道德抑或相反？庄子思考的结果就是他"全生"思想的提出。所谓"全生"，简单地说就是保全生命，自然地完成生命。这就要求生命不能被外物所伤。人应该"尽其天年而不中道夭"[28]，这样的说法和孟子所谓"尽其道而死者正命也"[29]的教导相反。在庄子看来，只有生命才是属于我们自己的东西。而名利、权势乃至知识、道德都是外在于人的事物。庄子不悦生恶死的前提在于重生。他在《养生主》里说："吾生也有涯，而知也无涯。以有涯随无涯，殆已！已而为知者，殆而已矣！为善无近名，为恶无近刑。缘督以为经，可以保身，可以全生，可以养亲，可以尽年。"显然，在全生的主题之下，知识、道德都成为从属的和次要的东西，更不用说名利权势了。在庄子看来，沉溺于名利场中的人，是生命的沉沦，这对生命的伤害，要远远超过金木之刑，对这种灵魂的扭曲庄子称之为"天刑"。如果说，名利权势对人的生命全无好处的话，那么知识对于生命的价值，则取决于能否摆正知识与生命的位置。当误以为生命是为了知识时，那就是"以有涯随无涯"，当然"殆而已矣"。但如果认识到知识是为了生命，那么知识就显露出了它的正面价值，知识也是可以帮助我们更顺利地自然完成我们的生命，帮助我们"恢恢其于游刃必有余地矣"般游走于凶险万分的人世间。

这种很明显的生命优先的价值取向，从其思想渊源来说，显然来自昆仑神话中古老的"不死"观念。最直接的证据是："《庄子》里最多说到黄帝，而黄帝不离乎昆仑"[30]。昆仑、混沌、黄帝在《庄子》中屡次出现,而这三者本来就是三位一体,乃是同一观念的产物。[31]《在宥》篇中,黄帝请教于广成子:"闻吾子达于至道,敢问,治身奈何而可以长久?"可见,他所关心的依然不离乎生命本身的绵延,昆仑"不死"观念的浸染再清楚不过。除此以外,从《庄子》的寓言中也很容易感受到庄子对于那些永恒生命的向往之情:

> 藐姑射之山,有神人居焉,肌肤若冰雪,绰约若处子;不食五谷,吸风饮露,乘云气,御飞龙,而游乎四海之外。其神凝,使物不疵疠而年谷熟……之人也,物莫之伤,大浸稽天而不溺,大旱金石流、土山焦而热。[32]

袁珂先生在《中国神话通论》一书中指出:"《庄子》的寓言,常有古神话的凭依,是古神话的改装,并非纯属虚构。"[33]在《庄子》中屡屡出现的真人、至人、神人当然也都受到了昆仑不死观念的影响。朱越利先生认为,长生不死的观念早在我国原始社会时期即已出现,《山海经》的昆仑神话中,即包括复活和不死两种长生不死的神话。这类神话在春秋战国之际演变为神仙观念,长生不死的人称为仙人,也称为真人、神人等,《庄子》和《楚辞》中就有不少神仙信仰的记载。[34]庄子借由不死的神人反复地表达了其对生命的尊重,也就是他重生的态度,这在庄子的理念中,乃是根本性的问题。

## 三

人虽然是感性的生物,但人的需要并非仅仅出于感性的欲求。人之所以异于禽兽者,在于人总是希图找寻到生命的意义。人既需要形而下者的"器",更需要寻求形而上者的"道"。即使是形而下的层面,他也需要从形而上的层面予以理解。麦克雷通过引述本迪克斯的理解来说明这一问题:"在韦伯看来,没有理想因素的物质利益是空洞的,但没有物质利益的理想则是无力的。"[35]这两句话其实完全可以把顺序反过来说,实际上,物质利益与精神利益相比,后者更为重要,因为精神利益为实际利益插上了翅膀,赋予后者一种精神意义,并为之辩护。换言之,人即使出于对形而下的物质需求,也要将其纳入终极考虑之中。原因在于每个人自身都是有限的个体,人类才不能满足于自身的有限,而要努力追寻超越、追寻永恒。其方法就是要努力在有限无限之间架设桥梁。人类总是在为自己的存在寻找意义。存在意义的获得,其实就是永恒的实现。昆仑神话的不死观念和庄子的全生思想都是对人生意义的求索,都在试图实现永恒的价值,其所异者在于其路径不同。

在昆仑神话里,获得永恒的途径就是肉身不死。必须说明,古老的神话往往没有主客之分、物我之别,体现了生命的浑然未分状态。黑格尔曾说:"因为古人在创造神话的时代,就生活在诗的气氛里,所以他们不用抽象思考的方式而用凭想象创造形象的方式,把他们的最内在最深刻的内心生活变成认识的对象,他们还没有把抽象的普遍观念和具体形象分割开来。"[36]其不死观念也就仅限于期盼肉身不死。不死的总是具体的实实在在的存在物——不死之树、不死之民、不死之药,甚至昆仑这样的不死之地,虽然它们只是在初民想象中存在,但仍然是形象而又具体地存在。对初民而言,他们也真诚地相信人能够长生不老。正如维柯所说,神话故事虽然是出自原始人的想象,却不是一种纯粹的虚构,它是古代人真实生活的反映。[37]对于初民来说,超越死生界限,突破自然限制的愿望也就具象化为《山海经·大荒西经》中记载的神奇的存在:"西海之南,流沙之滨,赤水之后,黑水之前。有大山名曰昆仑之丘……此山万物尽有。"不死之地——昆仑神境既是虚妄的幻想的产物,又是真实的存在。原因在于,虽然"不死不是事实,但不死观念是事实,古人真信人可以不死;昆仑仙境不是事实,但昆仑仙境的信念是事实……这种精神文化确实存在"[38]。如何超越死生界限,是初民充满焦虑和惶惑的问题,他们或期盼死而复生:《大荒西经》之鱼妇为颛顼所化,鱼妇能死而复活,故有了"颛顼死即复苏"的神话。《海外北经》记无臂之国,其人无嗣,郭璞注"其人穴居,食土,无男女,死即埋之,其心不朽,死百廿岁乃复生"。这种复生型的神话出现,原因大概在于:中国人创生理论的背后还隐含着另一个观念,即一种生物完全可能或经常会转化为另一种生物。对于这个熟悉由虫到蛹、由蛹到蛾的演化过程,因而对在公元前两千年就掌握丝织技术的民族来说,这种信仰能在他们中间流行并非怪事。[39]或幻想不死之药:开明东之群巫所操的不死之药,郭璞注云:"为距却死气,求更生。"似乎生命死而复生的原因在于吃了不死之药。《山海经·大荒南经》:"有巫山者,西有黄鸟。帝药,八斋。"郭璞注:"天地神仙药在此也。"又《大荒南经》:"有云雨之山,有木名曰栾。禹攻云雨,有赤石焉生栾,黄本,赤枝,青叶,群帝焉取药。"西王母更是手操不死之药的大神,羿费尽艰难登此冈岩(昆仑山)就是为向西王母请不死药。《淮南子·览冥篇》记述"羿请不死之药于西王母,桓娥窃以奔月",这个故事的广泛流传,使不死药与西王母如影随形。当然,如果能直接到达昆仑神境,似乎不必再吃不死之药,也能不死,《淮南子·地形篇》也有"昆仑之丘,或上倍之,是谓凉风之山,登之不死"的记载。

如果说,昆仑神话通过肉身不死的渲染来获得永恒,庄子则当然认识到了希冀于肉身不死终不过是人类天真的幻梦。生命永恒价值的获得,人对于自身有限性的突破,都在于精神而不在于肉体,甚至肉体对于人对永恒的求取是个负担和累赘。其实，老子已经发出过对于形体束缚的感慨："吾所以有大患者，为吾有身，及吾无身，吾又何患？"[40]但庄子的思考更为深入。立足于实际，而着眼于超越。人终究要以物质的形态生活在现实的世界里，所以，不但我们的身体使我们无法放弃，充满陷阱的、危险重重的现实世界我们也无法脱离。但这并不意味着我们就别无选择，只有自甘沉沦。庄子以为，我们仍然可以成为精神上的贵族，其途径就是《人间世》中所指出的："形莫若就，心莫若和"。或者说可以称之为："形之委蛇，心之逍遥。"[41]具体来说，为了避免现实政治的伤害，不妨"支离其德"，把自己塑造成一个对统治者无用的人。无用的标准是什么呢？就是"匠者不顾"的不中规矩绳墨的散木，这种散木："以为舟则沉，以为棺椁则速腐，以为器则速毁，以为门户则液樠，以为柱则蠹。"但正因为如此，才得以"不夭斤斧，物无害者"，"故能为之寿"。在庄子看来，这就是无用之大用。形之委蛇也要求"不遣是非以与世俗处"，也就是随顺世俗的价值观。但这并不是与混浊的世俗同流合污。表面的随顺，决不能化为内心的认同，更非行动上的积极配合。对世俗随顺、委蛇的目的还是在于"心之逍遥"。心要达到逍遥，就先要保持平和，心如何才能平和呢？"自其异者视之，肝胆楚越也；自其同者视之，万物皆一也。夫若然者，且不知耳目之所宜，而游心乎德之和。"[42]首先所要处理的还是心与物的关系。这就要求在心灵和耳目代表的欲望之间，不是心灵随顺耳目，从而让欲望主导自己，那样带来的只能是心的陷溺，生的沉沦。而要相反，心要作耳目的主宰："徇耳目内通而外于心知。"[43]使耳目不执著于外物，心灵也就不会受制于欲望。那么，破除了人的成心，才能达到心与道的同一，这就是"心之逍遥"了。

无论是昆仑不死观念着眼于肉身不死的不懈追求，还是庄子

"形之委蛇，心之逍遥"醉心于精神的超越，虽其路径不同，但同样都是不满足于生命的有限而力争突破，从而求得生命永恒价值的探索。在人类的心灵史上都具有不朽的意义。

## 四

人类对于超越自身的有限，实现永恒价值的渴望反映到现实社会当中，就体现为规矩与自由的冲突。人类文明的历史，就是在规矩与自由的矛盾中展开的。从自然的角度讲，规矩就是基于客观事实的规律。从社会的角度讲，规矩就是国家以强权维护的体制法度。不难看出，规矩和自由并不是实力相当、对等的双方。规矩是刚性的、强势的，从自然的意义上可以说就是自然的法则，是不可抗拒的。从社会体制的角度看也代表着君主的权威、法律的惩治、军队的维护，因此强硬无比，普通的个人根本无力对抗。相对而言自由是柔性的、弱势的，但绝不是无所作为，而是见缝插针，力争以柔克刚。对自然的限制是如此，对于社会的限制也是如此。从这种意义上说，昆仑神话不死的观念和庄子全生的思想都是人类对于自由的追求，对于自身的超越。当然这并不是说，昆仑神话不死的观念与庄子全生思想处于同一思维层面。

昆仑不死观念着眼于对于人类自然性的超越，追求突破自然法则的自由。从脱离蒙昧状态起，人类就开始了对于无限自由的争取。人类文明之初对自由的争取就表现在对于自然规律的蔑视，对于生老病死的自然现象不认同，对于不死的追求就是对于死亡现象的否定。昆仑神话不死的观念：不死之木、不死之药、不死之民以及不死之地，正是人类对自然的限制的不屈服的体现。那时，人们只受限于自然的规律，尚未体会到社会政治的束缚，君王权势的威压，故其所反抗者，只在于自然而已。不死的追求，从后世理性的角度看来，诚然是不科学、不理性的徒劳之举。但从突破规矩、争取自由的视角看来，谁又能说这不是人类力争自身自由的可贵开端和对自身能力的极度自信的表现呢？可以说，它开启了人类的自由之门，也开启了人对一切强权、一切异化人的生命价值的外在力量反抗的传统。

　　庄子全生思想则着眼于对于人的社会性的超越，突破社会政治威压的自由。有了人类社会，国家强权对个人自由的束缚也就日益深重。统治者总是努力强化体制法度，从而提升统治权力的强制性和有效性。但法度越是得到强化，人的主体性就越得不到保证，就越来越被工具化，从而身体被奴役，心灵被扭曲，自由也就无从谈起。从庄子的视角看来，他在相当程度上认同自然规律，其所反对的是来自社会的种种人为的戒律。正如庄子在《天下》中说："天下大乱，贤圣不明，道德不一，天下多得一察焉以自好。天下之人各为其所欲焉以自为方。悲夫，百家往而不反，必不合矣！后世之学者，不幸不见天地之纯，古人之大体，道术将为天下裂。"庄子全生、重生思想的提出，针对的正是这样一种社会现实。毫无疑问，庄子也幻想过那些永恒的生命，像吸风饮露的藐姑射山上的神人，像《大宗师》里说的"登高不慄、入水不濡、入火不热"的真人。但他更关心和在意的是，心灵对肉体的超越，个人对生命自然的完成。在庄子看来得到心灵的自由才是真正的自由，至于肉体的死生反而成为次要的事情。心灵如何才能自由？按照庄子的思路，对人最大的束缚，并非自然的生老病死寿夭，而是人间政治的威压、强权的胁迫，从而造成人的心灵扭曲。庄子在《人间世》中曾借孔子之口说：

　　仲尼曰："天下有大戒二：其一命也，其一义也。子之爱亲，命也，不可解于心；臣之事君，义也，无适而非君也，无所

> 逃于天地之间。是之谓大戒。是以夫事其亲者，不择地而安之，孝之至也；夫事其君者，不择事而安之，忠之盛也。"

庄子虽然积极追求精神自由，但是他也清醒地认识到这种绝对自由只能是在纯粹的个人精神领域，社会现实中，世俗伦理是人无法躲避的，命运的压力也是人无法抗拒的。庄子最深切的感受是，个人生存的危险，主要来自君主。同老子仅仅对当政者失望，对"无道"的社会主要关注秩序的思路不同，庄子对当政者已经绝望，他感受到的是实实在在的生命的威胁。在他看来，当政者皆是"暴人"：《人间世》说卫君："回闻卫君，其年壮，其行独。轻用其国而不见其过。轻用民死，死者以国量乎泽若蕉，民其无如矣！"《则阳》说楚王："楚王之为人也，形尊而严，其于罪也，无赦如虎。"当人间政治如此黑暗，君王为政如此残暴，在庄子意义上的存身而不是长生就成为主题。儒家式的救世早已成为遥不可及的梦，所谓："天下有道，圣人成焉；天下无道，圣人生焉。"圣人欲成就其事业，也要考虑具体的环境，看其有没有实现理想的空间。有之，才会力争成事；无之，则亦存身而已。所谓："古之至人，先存诸己而后存诸人。"庄子感慨世人的执迷不悟，在"仅免刑焉"的"方今之时"，面对"福轻乎羽"的一线生机，面对"祸重乎地"的沉重灾祸，还"莫之知载；莫之知避"。不知道去争取，不知道去躲避。甚至将虚幻的功业富贵看做人生的根本目标，于是自甘为物所役，劳身苦形，结果当然是"终身役役而不见其成功，苶然疲役而不知其所归，可不哀邪！"身在桎梏而不自知才是人生最大的悲哀："人谓之不死，奚益！其形化，其心与之然，可不谓大哀乎？"[44]这种情况下，人的自由的意义就不再是自然意义上的不死，而是社会意义上的摆脱名利的枷锁，反抗强权的压迫。庄子所谓解其桎梏，正是宣示着人对生命意义的回归。

　　站在争取自由的立场上，昆仑神话通过不死的观念与庄子全生的主题在精神内涵上是相通的。无论是昆仑不死观念从自然意义上的反抗，还是庄子哲学从社会意义上的反抗，同样是对人类既定规矩的不妥协、不认同，对于无限自由的执著争取：当对自由的束缚主要来自自然时，昆仑神话通过不死的想象来彰显自由；当对自由的戕害主要来自社会时，庄子通过心灵的超越来反抗强权，同样凸显了生命的最终意义在于自由的获得。

　　人类社会的历史，很大程度上是由其观念形态决定的，特别是在文明之初，观念形态更具有决定性意义。因此，所谓传统，主要是观念形态的传统，前人对后人的影响也主要体现在精神领域。昆仑不死观念作为中华文明远古时期的神圣话语，对后世的影响之大难以估量，它为中华民族开启了一条独特的精神之路。在古代民族精神领域，中国和西方乃至世界上主要民族的大多数在精神之路的探求上是大异其趣的：同样是以有限的生命寻求永恒的价值；同样反抗强权，争取自由；同样的拯救灵魂，寻求解脱。世界上的主要民族和大多数宗教认同人鬼殊途，此岸世界和彼岸世界两分，拯救灵魂获取永恒的方式在于彼岸世界：那里才有公正无私的神灵，那里才是天国乐土。而在中国，则无论是宗教的道教，还是准宗教的儒家、道家学说，拯救人心，求得永恒的方式都在此岸世界。孔子"未知生，焉知死"，以及"知其不可为而为之"等入世话语，同庄子形神两分的解脱之道，表面上看势同水火，截然对立。其实如果视孔庄为一个整体，以之同其他主要民族相比，还是具有鲜明的中国特色。他们有着同样的思路：即对生的探索是没有止境的，他们关注的目光始终聚焦于此岸世界。当然这并不意味着昆仑神话对于儒家和庄子具有同样的意义，在受影响的大小，继承方式的隐显上庄子与儒家依然判然有别。与孔子"不语怪力乱神"的话语而表现出的理性又难免刻板的儒家传统迥然不同,庄子的世界是充盈着草根人物和自然万物的生命交流的,散发着山泽林野气息的灵气荡漾的自由世界。他以对生命的问题的深入思考,以及强烈的反叛精神颠覆了既有的价值观,唤醒了中国人的生命意识,开拓了中国人的人格世界。即从表达方式上,他的奇思玄想对中国人的审美悟性和文学趣味的启发也是独一无二的。可以说,是源自昆仑文化源头的天上之水,滋养了庄子构建的魅力无限,生机盎然的庄周世界,使之成为中国人永远的精神家园。

**参考文献**

[1] 司马迁:《史记》,中华书局,1959。
[2][3][26]《庄子·天下》,引自郭庆藩《庄子集释》,中华书局,1961,本文所引《庄子》和《郭象注》原文均出自郭庆藩之《庄子集释》,下文只注篇名。
[4] 闻一多:《闻一多全集》(第一册),生活·读书·新知三联书店,1982。
[5][32]《庄子·逍遥游》。
[6][44]《庄子·齐物论》。
[7] 蔡德贵:《庄子与齐文化》,《文史哲》1996年第5期。
[8][17] 邓联合:《庄子哲学精神的渊源与酿生》,光明日报出版社,2011。
[9][14] 冯友兰:《中国哲学史》(上),中华书局,1961。
[10] 杨义:《庄子还原》,《文学评论》2009年第2期。
[11] 张亨:《庄子哲学与神话思想——道家思想溯源》,载张亨《思文之际论集——儒道思想的现代诠释》,新星出版社,2006。
[12][22][30] 顾颉刚:《〈庄子〉和〈楚辞〉中昆仑和蓬莱两个神话系统的融合》,《中华文史论丛》1979年第二辑。
[13] 赵宗福:《昆仑神话》,青海人民出版社,2005。
[14] 赵宗福:《论昆仑神话与昆仑文化》,《青海社会科学》2010年第4期。
[15][31] 萧兵、叶舒宪:《老子的文化解读》,湖北人民出版社,1994。
[16] 袁珂:《山海经校释》,上海古籍出版社,1985。本文所引《山海经》原

文均出自袁珂《山海经校释》，下文只注篇名。
［18］卡西尔：《人论》，甘阳译，上海译文出版社，1986。
［19］《山海经·大荒东经》。
［20］《山海经·大荒北经》。
［21］《淮南子·地形训》，引自何宁《淮南子集释》，中华书局，1998。本文所引《淮南子》原文均出自何宁《淮南子集释》，下文只注篇名。
［23］顾颉刚：《山海经中的昆仑区》，《中国社会科学》1982年第2期。
［24］《孟子·梁惠王上》，引自焦循《孟子正义》，中华书局，1987。本文所引《孟子》原文均出自焦循《孟子正义》，下文只注篇名。
［25］《墨子·兼爱中》，引自孙诒让《墨子闲诂》，中华书局，2001。
［27］《淮南子·泰族训》。
［28］《庄子·大宗师》。
［29］《孟子·尽心上》。
［33］袁珂：《中国神话通论》，巴蜀书社，1993。
［34］朱越利：《从山海经看道教神学的渊源》，《世界宗教研究》1989年第1期。
［35］麦克雷：《马克斯·韦伯》，中国社会科学出版社，1989。
［36］〔德〕黑格尔：《美学》，朱光潜译，商务印书馆，1979。
［37］维柯：《新科学》，朱光潜译，商务印书馆，1989。
［38］杜而未：《昆仑文化与不死观念》，（台湾）学生书局，1977。
［39］迈克尔·罗维：《宇宙·神谕与人伦》，郭净、孙澄译，辽宁教育出版社，1991，第88页。
［40］《老子·十三章》，引自陈鼓应《老子今注今译》，商务印书馆，2003。
［41］王博：《庄子哲学》，北京大学出版社，2003。
［42］《庄子·德充符》。
［43］《庄子·人间世》。

（编辑：蒲生华）

# 书艺融入昆仑文化产业

## ——以台湾书艺活化为例

李秀华[*]

**摘　要**：昆仑文化是以昆仑山为主脉的青海地域文化，具有雄浑气象及强大的包容性，而其充满神话色彩的人文内涵，一如西王母的传说不断创造繁衍新的神话，从古到今激发了文人无穷的想象力，其充满活力的创新性与延续性，更使之成为中国古老神话之源。台湾文化是以台湾海岛为主的地域文化，在历史上诸多族群先后驻足台湾，多元地域与族群文化在台湾碰撞交流，逐渐形成具包容与多元族群特色的文化。在信息与文化传播快速便捷的今日，地域文化透过交流与分享，能激荡出崭新的思维。本文以宏阔的艺术人文视野，研究分析台湾在 2002 年开始推动的文化创意产业；在多元文化中，以书艺活化的跨域结盟，其强大的渗透力和影响力，成为今日台湾文创产业的新亮点为例对昆仑文化在拥有自然丰沛的资源上，于文化产业发展，可透过相互交融与对话，以台湾推动台北故宫结合数位科技的书艺转创、汉字文化节的书艺文创展演、云门舞集融入书法元素的现代舞创作，以及书法家董阳孜跨域结盟的文创思想，作为书艺活化文创产业之参考。在集结学者专家的智慧与交流，对于昆仑文化中重要的神话美学与昆仑玉的产业，从传统中寻根，从土地与自然中探源，从时代潮流中寻找创意的能量。借由台湾书艺转创之例，期待昆仑文化产业，能在宽阔的包容中建构出属于自己的地域文化创意特色，进而实现中国丝绸之路经济带的产业发展与应用。

**关键词**：书艺　昆仑文化　台湾　文创产业

---

[*] 李秀华，台湾东华大学中文学系教授，博士，研究方向为艺术史、书法教育、艺术文化创意产业。

## 一 前言

昆仑文化是以昆仑山为主脉的青海地域文化，青海地处"世界屋脊"，昆仑山自古即被誉为千山之宗、万水之源，此文化融合了作为天与地交往的山脉——昆仑神秘高原所孕育的山文化，以及审美的物质与精神经验的累积。青海地域文化如其壮阔高原，具有雄浑气象及宽阔的包容性。其充满神话色彩的人文内涵，一如西王母的传说不断创造繁衍新的神话，从古到今激发了文人无穷的想象力，给予昆仑文化丰富的生机；而其充满活力的创新性与延续性，更使之成为中国古老神话之源。[①]

台湾文化是以台湾海岛为主的地域文化，台湾地处亚洲东部，为太平洋西北侧之岛屿，又有鲲岛等别称。历史上诸多族群先后驻足台湾，多元地域与族群文化在台湾碰撞交流，先后混合了大陆汉文化、客家文化、欧美文化、日本文化以及原住民文化，逐渐形成具包容与多元族群的特色文化。

青海高原与台湾海岛，在一水之隔的遥远彼岸，不同的自然环境形成各自的文化特色。在资讯与文化传播快速便捷的今日，地域文化透过交流与分享，能激荡出崭新的思维。本文以宏阔的艺术人文视野，分析台湾在2002年开始推动的文化创意产业[②]，在多元文化中以

---

① 昆仑山为万山之宗，龙脉之祖，自古编织出许多美丽的传说，如《嫦娥奔月》《西游记》《白蛇传》等都与昆仑山有关。而中国古老的地理书如《山海经》《水经注》等都记载了有关昆仑山的神奇色彩。昆仑山的仙主为西王母，古籍所载瑶池即昆仑河的源头黑海，是明末道教混元派（昆仑派）道场所在。昆仑山也是中国第一神山，自古即被誉为"万山之祖"、"万神之乡"。

② 文化创意产业，是指结合文化及创意的产业。所谓"文化"泛指在共同社会生活中，有着相近的生活习惯、风俗民情，以及信仰等，而"文化创意"是指在既有的文化中，透过智慧财产的形成与运用，加入地域、族群、个人等创意，促进整体生活环境的提升，并赋予文化新义与价值。

书艺活化的跨域结盟,其强大的渗透力和影响力,成为今日台湾文创产业的新亮点,以此来与昆仑文化相辉映。对昆仑文化在拥有自然丰沛的资源上,于文化产业发展,可透过相互交融与对话,以台湾推动台北故宫结合数位科技的书艺转创、汉字文化节的书艺文创展演、云门舞集融入书法元素的舞蹈创作,以及书法家董阳孜跨域结盟的文创思想,作为书艺活化文创产业之参考。在集结学者专家的智慧与交流,对于昆仑文化中重要的神话美学与昆仑玉的产业,从传统中寻根,从土地与自然中探源,从时代潮流中寻找创意的能量。借由台湾书艺转创之例,作为本论坛的交流与分享,期待昆仑文化产业,能在宽阔的包容与激荡中,建构出属于自己的地域文创特色,进而实现中国丝绸之路经济带的产业发展与应用。

## 二 汉字书法流变与时代文化创意

汉字是中华民族历经五千年演化,一脉相承至今仍在使用的文字体系,不仅是世界三大古老文字中唯一仍具生命力且是意与音并用者,汉字更在世界文明发展史上具有独特的地位。"汉字"的名称或因汉代开疆拓土与外族接触频繁,遂有以汉人所用文字为名而称的"汉字"。[①] 从文化观点来看,汉字的演变,其结构与线条逐渐脱离图像性写实而走向抽象性,然汉字所涵盖形、音、意的文字特殊性与造字原理中特殊的文化记忆,仍使汉字自成一丰富而多元的审美体系。汉字除了兼具文化传承,更成为具有创意与魅力的独特表意媒介。借由汉字述说从古

---

① 中国古代在元朝之前,因为没有他国之区分,通行的文字多称呼为"字"或"文字"。"汉字"一词最早出自于元朝《金史》卷九本纪第九,"章宗一":"十八年,封金源郡王。始习本朝语言小字,及汉字经书,以进士完颜匡、司经徐孝美等侍读"其意为汉人的文字。现以"汉字"泛称历经五千年演变逐渐形成的华夏文字体系。见元·脱脱等撰《金史·本纪第九》卷九,(台湾)商务印书馆,2010。

至今的生活故事，是时代变迁的烙印，也是汉民族生活智慧积淀的结晶。①

汉字书法最初可追溯至象形、刻画符号的萌芽时代，及至甲骨文出现，对于商周时期的王室占卜记录，逐渐展露出汉字抽象点画造型的本质内涵，并奠定了汉字的形体基础；对中国书法艺术的产生，在早期发展上具有特殊的意义。春秋战国时期，钟鼎彝器上的铭文，以朴素展现平和气象。秦统一中国后，字体由金文大篆走向小篆，以李斯小篆为代表的石刻书法，其典丽精工的风格，在书法线条与结构上的改变，成为书法史发展的重大突破。

汉代书法演变渐趋成熟，便捷书写的隶书，取代篆书的繁缛束缚，成为时代主流，而草书、行书、楷书也相继出现，这个时期，最具代表特色的是碑刻与秦汉简帛书法。汉代隶书在对篆书的简化中，书法开始走入艺术的自觉时期，简牍、帛书在继承秦隶传统与篆书变革，在简化、草化的抽象过程中，以浑厚朴质为主，使书法的抽象线条与形式美的追求，得到充分发展。

魏晋时期随着社会急骤变迁，在艺文思想上出现了前所未有的自由。魏晋文人在老庄玄学影响下，一反严谨的礼教道统，转而探索内在心灵的自由与对人生的追求，书法艺术开始走向自觉的时期。晋人书法的写心、写性、写意，将书家与书法融合至和谐境地，开展晋人尚韵之书风。南北朝时期，北方盛行石刻书法，多为民间工匠之书，代表作品以"丰碑"、"墓志铭"、"摩崖"和"造像记"为主，多以楷体书之，统称之为魏碑；其笔势雄峻，结体紧峭，有北方剽悍豪迈之气。南方以帖为主，多为王公贵族雅玩游艺之书，行书体成为南朝

---

① 李秀华、罗美兰：《故宫法书结合大学书艺转创应用之发想》，2014。论文发表于成功大学主办，台大、成大、东华三校中文系联合学术会议，第1页。

士大夫"风流蕴藉"悠游抒情的最佳书体,由此,也促成行草书体的流行。

隋唐时期,书体演化大致稳定成形,唐人将楷体书法推展至高峰。在草书的发展上亦达于高峰,从李邕行书到孙过庭对草书审美的阐述,而至张旭、怀素的狂草,将草书的抒情功能推展至极点,整个时代书艺之氛围,呈现繁荣鼎盛的景象。书法发展由早期的正体篆隶,而至楷书、草书的初步成形,时至今日文字的发展仍朝着正化、简化与草化方向发展。

表1 汉字书法流变——以昆仑文化为字例

| 甲骨文 | 金文 | 小篆 | 隶书 | 草书 | 行书 | 楷书(繁) | 楷书(简) |
|---|---|---|---|---|---|---|---|
| 崑 | 崐 | 崑 | 崑 | 昆 | 崑 | 崑 | 昆 |
| 崙 | 崘 | 崙 | 崙 | 仑 | 崙 | 崙 | 仑 |
| 文 | 文 | 文 | 文 | 文 | 文 | 文 | 文 |
| 化 | 化 | 化 | 化 | 化 | 化 | 化 | 化 |

汉字书艺延绵至今,有其丰富的文化性。然随着时代变迁与现代资讯的快速传播,跨越数千年的汉字书法文化,已渐脱离一般国人的实用生活,逐渐走向具有文化深度的艺术表现范畴。书法的现代性,虽然在某种程度上,是对传统书法本体的反动,并试图解开传统的桎梏。然"传统"是永恒的时尚,也是不断创新的根底,因此现代书艺转创,在一定程度上虽是跳脱传统,但对书法元素的不可取代性,

仍需做深刻的体察。20世纪以来西方文明长久浸润于我们的生活中，在欧风、西潮、韩流、哈日风尚里，似乎让我们忘了华夏文化的自我认同价值。今日我们要在文化创意产业中重拾民族自信心，从传统文化提炼出深层省思，汉字书艺的发扬与转创应用，将能凸显文化特色并具有砥柱的价值意义，值得给予更多的关注与发扬。

## 三 台湾书艺活化转创案例

### （一）台北故宫结合数位科技的书画转创

随着国际社会及环境的变异，故宫由传统典藏、研究、教育展示等功能，渐朝向文化传递与数位学习创新的方向发展。从20世纪90年代开始台北故宫配合政府推展"数位博物馆计划"，如今已成为塑造台湾形象及文化创意产业发展的重要案例。在书画方面从早期的"大观书画"网页，到2006年的"米芾的书画世界"网站（见图1），将文学的形象与意趣和书画家做一联结，透过网络多媒体生动活泼的呈现方式，让观赏者享受一场与古人诗文书画交响的艺术盛宴，台北故宫更以此而荣获2007年美国博物馆协会"世界虚拟主题博物馆""缪斯奖"线上杰出金牌奖。①

2011年台北故宫与青鸟新媒体艺术合作，推出"山水合璧——黄公望与富春山居图特展"，经历数世纪颠沛流离的《富春山居图》，于清初曾受火灾烧损，焚成两截。收藏家将前一纸裁裂前段，装裱保存起首的主山图，后世通称为"剩山图"，今藏浙江省博物馆。现与

---

① 参见台北故宫博物院 - 认识故宫 - 大事记，http://www.npm.gov.tw/zh - tw/Article.aspx? sNo = 3, 001526（2014.08.30 上网）。

**图 1 "米芾的书画世界"网站首页**[*]

[*] "米芾的书画世界"网站，图版来源：http://tech2.npm.gov.tw/mifu/（2014.08.31 上网）。

台北故宫的《富春山居图》（无用师卷）后六纸合璧展出，完整呈现黄公望作品的原貌。[①] 此画卷不仅是描绘富春山隐居的景致，也是黄公望探索自然造化后，有如现代艺术中的极简主义与抽象主义，以简约的线条，表现理想山水的形象。展出中以动画、触控、拼贴、数位剧场等新媒体手法，重新诠释《富春山居图》美学。其中较为特别的是以数位3D动画《山水化境》，以四十公尺长的画面，应用四十二部投影机交叠投影，借由想象与投影演绎富春江的四季变化，营造出观赏者走览其中，仿佛置身于当代山水之影像。此一特展的转创呈现，成功获选为2012年美国博物馆协会媒体与科技专业委员会主办的"缪思奖"（MUSE Awards）中的"诠释性互动装置类"金牌奖。[②]

---

[①] 《富春山居图》（无用师卷）由六纸接成，长逾六公尺，第一纸前有残补痕迹。明末曾经火厄，裁裂前段部分现由浙江省博物馆收藏。

[②] 参见台北故宫博物院2012年6月14日发布的信息《故宫荣获美国博物馆协会2012年缪思奖（MUSE Awards）金牌双奖》，http://webarchive.ncl.edu.tw/archive/disk19/81/82/07/39/64/201202093053/20121110/web/web2.npm/zh-tw/new_24302.htm?docno=1343（2014.08.01 上网）。

此外，近年来故宫举办的一系列活动，如 2010 年以智慧故宫——文创环境及画拓展文创，以促进媒合文化与科技的整合，带动文化观光产业的发展，跨域多媒体展示（in-Gallery）成为文创发展的新特色。又如"嘉义·故宫零距离特展"，其中"毛公鼎汉字互动装置"，将汉字文化之美，透过"毛公鼎"铭文的互动展示与情境设计，让观者透过轻松的游戏方式，获得文物相关知识。资讯数位化与高度灵活化的展示与互动，提供超越一般传统鉴赏的经验。而台北故宫在华山创意文化园区之"精彩数位故宫"，以"科技与艺术的沟通"为主轴，运用新科技及多元展示，给予观赏者于参观时产生丰富而多重的美感体验。例如，其"悠游古今·品味生活"文创影片，以创新动态多媒体方式诠释故宫典藏书画，将古代"文人四艺"（琴、棋、书、画）与"生活四艺"（点茶、焚香、挂画、插花）的生活意趣，与现今社会的美感经验做一联结，引领观众体验古今生活美学之共通性，进而传承与发扬中华文化艺术之精神。

### （二）汉字文化节书艺文创展演

台湾从 2004 年底至 2005 年初于台北市举办"第一届汉字文化节"开始，到 2013 年第九届汉字文化节以"汉字文化论述"、"汉字应用实践"、"汉字全民参与"，以及跨领域的艺术创思，多元呈现汉字的艺术性与实用性；包含古代当代汉字书法、篆刻展，以及科技互动展、动画影片展、文创产品展、跨域展演、年度代表字刊物出版、网站资讯等九大项活动为主轴，以彰显汉字书法在历史传承、美学厚度与生活应用的丰富文化内涵，为汉字书艺掀起热潮。

2010 年"中华文化总会"与中国艺术研究院合作，于北京举办首届"两岸汉字艺术节"。透过两岸艺术家的主题展览及相关推广活

书艺融入昆仑文化产业

**图2　第六届汉字文化节——汉字"尚"潮服装秀暨汉字潮T设计大赛**

图版来源，http://news.163.com/10/,103/15/5 S449 LK5,000,120 GU.html（2014年8月31日访问）。

动，延续汉字书写的文脉，并推动两岸于学术、文化和艺术上的交流，为汉字艺术的传承与发扬而努力。2011年于台北举办"2011两岸汉字艺术节"，并在台北故宫博物院、台北"国父纪念馆"、台北华山文化园区等地举行相应的系列活动。2012年在山东枣庄举行以"汉字的渊源与流变"为主题的文化活动，深入探讨汉字在当今社会的实际价值，以及提升汉字文化的影响力和传播力。2013年"两岸汉字艺术节"以"人文生活与王道文化"为主题规划"一化干坤 游字林"展、"两岸汉字设计与应用"学术研讨会暨海报展、"汉字艺术媒合会"等系列活动，将传统汉字融合创新元素，借此展现汉字艺术之美，并走向大众文化创意。"两岸汉字艺术节"将透过汉字以及汉字历史美学，推进书艺之传习与转创应用，提升文化创意产业的价值，透过汉字唤起华夏民族的共同记忆，并赋予汉字新活力。

### (三) 云门舞集融入书艺的文化创新

1973年来自台湾嘉义的林怀民创办了"云门舞集"①，这是现代华语社会中第一个成立的当代民间舞团，也是台湾融合中西文化与艺术精髓的特色舞团。"云门舞集"从中国文化传统中汲取养分，将传统文学与民间故事赋予新的诠释，将典型的现代舞做前卫性观念的尝试，以文化创意融入现代舞蹈，在台湾及国际社会上获得多次殊荣与肯定。2001年林怀民尝试将书法融入舞蹈，他的"行草三部曲"，巡演于纽约、伦敦、雪梨、东京、柏林、芝加哥、莫斯科等重要艺术节及剧场，其"美丽的书写"获得"欧洲年度最佳舞作"并被外国舞评誉为"令人震撼的二十一世纪之舞"。从《行草》、《行草贰》到《狂草》，如何将中国书法的"龙飞凤舞"转化为肢体语言，林怀民由书法汲取灵感的抒情舞作，凝神运气，从曲线流动的形似到神似，从书法的修练到身体语言的外现，展现追求心灵的精神内涵与生命深层意境的哲思，将书法中的气与韵，借由身体，舞出属于东方文化特有的线条美学，让几为资讯电脑打字所取代的汉字书法，又再度流转于21世纪。

2011年林怀民带领"云门舞集"在纽约市布碌仑音乐学院（BAM）"下一波艺术节"中表演"屋漏痕"，并受邀至亚洲协会（Asia Society）表演艺术与文化计画主任芮秋·库柏（Rachel Cooper）主持的艺术巨擎讲堂，解说其艺术创作理念。林怀民认为书写文字不再只是沟通的工具，透过对书法的运笔与行走中的纸墨互动，来诠释

---

① 郑玄注：《郑注周礼》卷第六《春官宗伯下》："大司乐掌成均知灋，……以乐舞教国子，舞云门、大卷。"相传是中国最古老的舞乐，存在于五千年前的黄帝时代，为六乐之一。云门、大卷乃黄帝之乐，今已失传（台湾商务印书馆，1967，第145页）。

"屋漏痕"的意境,"我们看见的不是纸上黑色笔墨所占走的空间,而是那些留下来的空白"。① 因为关注到更多的留白,可虚中生实,引人无限遐思。林怀民也试图将东方人文哲思与大地结合,以"平行延伸"的概念,说明中国汉字的"一"是由左至右水平的延伸,不是西方由上而下垂直书写的"1"。他体悟到在东方文化的熏陶下,书法与舞蹈动作都具有同样的精神内涵。② 林怀民从传统、从土地与自然中寻根,并在潮流中找到了活化书法思维的转创能量,为台湾的文化创意增添灿烂的一页。

**图 3 "云门舞集"《行草》是林怀民"行草三部曲"首篇\***

\*《行草》是林怀民以书法为灵感的系列舞作"行草三部曲"首篇,也是其探索东方美学与传统文化的成果。

资料来源:云门文献数位典藏计画,http://cloudgate.e-lib.nctu.edu.tw/works.asp?workNameEng=Cursive(2014.08.31 上网)。

## (四)董阳孜跨域结盟的书艺展演

获得美国麻州大学艺术硕士的台湾女书法家董阳孜,从小在父亲指导下临摹颜真卿《麻姑仙坛记》,并开始习写二王(王羲之、王献

---

① 曲怡文:《林怀民 舞者动作 都带著强烈文化》,参见世界新闻网、北美华文新闻、华商资讯 http://www.worldjournal.com/(2014.08.04 上网)。
② 曲怡文:《林怀民 舞者动作 都带著强烈文化》,参见世界新闻网、北美华文新闻、华商资讯 http://www.worldjournal.com/(2014.08.04 上网)。

之）书法，奠定了良好的书学基础。2006年始董阳孜结合数位与跨界，将书法与文创融合，其作品高度融入大众文化，以兼具现代平面设计与传统书法美学，以及对当代文化的深沉关怀，其作品不仅是书法文字，亦有如一幅错落有致的心灵视觉风景。2011年在台北松山创意园区举办的"2011台北设计大展"，为全球首次的跨领域设计展。其中"亚洲文创跨界创作展——妙法自然"由陈俊良、刘小康共同策划，参与展出者来自亚洲六大汉字文化国家及区域，包括：中国台湾、日本、韩国、中国、中国香港、中国澳门，共四十位平面设计大师。以董阳孜书法创作的"妙法自然"二十四书帖，传达书法不仅是"应物象形"的模拟，更是"气韵生动"的创造。这些设计师撷取书法意境与设计语汇作为海报题材，共创一全新的书艺设计展演形态，令人惊艳。台湾创意设计中心董事长林荣泰赞誉董阳孜书艺创作跨界到文化商品领域，实现了"止于文化、形于产品、用于生活"的文创精神。① 此次展出透过汉字书法与创意设计诠释东方文化，让文创产业大放异彩，并获得"亚洲最具影响力设计大奖"。②

2014年董阳孜书法艺术跨界剧场《骚》（SAO），与年轻艺术家的数位媒体科技和表演艺术合作，寻找书法介入当代艺术创作的无限可能。从"离骚"到"风骚"，"骚"的本义有扰动之意。董阳孜首度尝试将书法线条的骚动带入剧场，以书法运笔间所留下的线条片段，作为再创的新起点，将被解构的书法文字幻化成飞墨，让线条流动于立体的舞台空间，而呈自由与变动、欲望与不安的即兴创作。董

---

① 许惠捷：《"创意"从妙法自然看见台湾文创方向》，http://www.boco.com.tw/NewsTdcDetail.aspx? bid = B20, 130, 110, 000, 001（2014.07.20 上网）。
② 亚洲最具影响力设计大奖在2003年由香港设计中心成立，用来发掘与鼓励亚洲区设计界的杰出创作者，并表扬最能影响亚洲地区生活风格的卓越设计，及其文创产业所带来的影响与成就。2012年由陈俊良"妙法自然亚洲文创跨界创作展——自由落体设计"获得金奖，是亚洲最具影响力设计奖8个领域中全场最高奖项。

书艺融入昆仑文化产业

**图 4** 董阳孜"无声的乐章·有声的书法——董阳孜 x 阿信联展"

图版来源，http：//www.xuexuecolors.org.tw/coloritem.php？xue = 5&id = 162
（2014.08.31 上网）。

阳孜以"变动不拘"创造多媒体影像、音乐、舞蹈的对话或共舞，以飞墨与线条交融成三度空间，甚至也邀请观赏者在观看演出时穿上黑衣，与舞台全白屏幕交融，让观众也成为作品的一部分，表演者与观赏者共同参与，让舞台上与舞台下共同交织成书法线条的骚动之美。

2011~2014 年董阳孜策划举办追魂系列音乐，邀请多位知名诗人与音乐家，以书艺结合多媒体投影的表现方式，借由水墨书作，作为音乐家演奏爵士乐的背景视觉影像，并融合诗人独特的诗歌吟唱。追魂音乐于传统文化的端午节（诗人节），以诗入乐，追忆诗人逝去的灵魂。董阳孜让书法艺术不只是平面书写，也可以是多元且充满创意的视听觉飨宴。她尝试让诗与音符相遇，把音乐从乐器声延展到视觉诗的律动，建构成一首由形象与音符交响的新诗。从视觉经验转变到听觉，如图 5 波若波罗密多心经的经文，从四面八方涌来，影像的流动仿佛咒语萦绕耳际。

**图 5　董阳孜　波若波罗密多心经**

图版来源，http://springluo.blogspot.tw/2,012/06/blog-post_4,466.html（2014年8月31日访问）。

董阳孜的书艺，融合流行音乐、诗、建筑等各领域艺术家的共同合作，以展览、音乐会及文创商品的呈现，大胆、创新的跨界创作，可谓是台湾当代"活化"汉字书艺最具代表性的成功案例。

## 四　书艺活化对昆仑文化产业的启示

青海是我国黄河上游古老文明孕育的摇篮，具有海纳百川的地理文化胸怀。笔者以台湾书艺活化转创案例，提出三项文创发展的可行策略，提供昆仑文化产业之参考。

### （一）以科技转创建立昆仑博物馆之文化品牌

自汉代开始，青海多元的民族与中原皇朝于政权上交相更迭，形成多元文化的融汇与发展，丰富而多彩的民族与神秘宗教，呈现出浓郁的青海民族文化。2001年青海第一座具现代化功能的大型博物馆"青海省博物馆"新馆正式启用，著名的博物馆还有"青海雪域民俗博物馆"，中国最大的彩陶博物馆——"柳湾彩陶博物馆"，以及"藏医药文化博物馆"等，以更多信息和知识作为文化传播之载体，丰富青海居民的文化生活。而在推展博物馆之发展和文化遗产之保存与发扬中，创新思路将是未来博物馆发展的根底。前文所述台北故宫结合数位科技的书画转创，可提供青海博物馆以自然环境和人文积淀的特殊文化地域，尝试撷取悠久的汉字书艺文化，以科技转创树立昆仑文化品牌，进而以富有创造的精神力量，让昆仑文化从青海走向世界舞台。

### （二）联结汉字书艺、神话文学成为民族舞蹈创意新能量

青海从古代到现代世居的有汉、藏、回、土、蒙古、撒拉等6个民族，兼具藏传佛教、伊斯兰教、道教和儒教等四种宗教，青海呈现多民族、多元文化相互融合之景象。而被誉为我国民族艺术宝库中一颗瑰丽明珠的青海民间歌舞文化，更是异彩纷呈。青海的民间歌舞多彩多姿，各民族在长期社会实践中，开创具有鲜明的民族风格与地方特色的歌舞文化。笔者以为若能将作为原始先民意识形态集中体现的神话，以跨域结盟，将民族舞蹈与神话结合，以书艺串结，从青海的自然地理与文化寻根，对于东方传统美学中所追求天人合一的精神与灵魂的安顿，一如台湾云门舞集，从传统文化中汲取养分，联结汉字书艺、古典文学，在时代脉动中兼顾传承与创新，于时代潮流中，为昆仑文化找寻转创的新元素。未来也可以汉字文化生活圈的新思维，发展有魅力的文创民族舞蹈展演，并透过跨界应用，活化书艺，使之成为民族舞蹈创意的新能量。

### （三）以汉字文化深度转创昆仑玉石产业

青海著名的昆仑玉产自昆仑山脉东缘入青海省的地方，昆仑为中国名山大川中最为神秘的山脉，于传说中西王母瑶池附近，昆仑玉又称青海玉，是青海特有的玉种。古籍称昆仑山为"群玉之山"①，《千字文》亦言："金生丽水，玉出昆岗"，昆岗即是指昆仑山。作为中国第一神山、昆仑文化的发祥地，数千年来，留下许多美丽的传说，并赋予昆仑玉灵气、神气以及能驱妖辟邪保护生灵的特殊意义。

"玉"字始则于中国最古在的文字——商代甲骨文和钟鼎文中，从玉衍造出近500个汉字。中国古代殷商时期，玉的道德化、宗教化、政治化过程已大致完成，儒家学者更进一步加以宣扬，如《礼记玉藻》云："古之君子必佩玉……君子无故，玉不去身，君子于玉比德焉。"② 又如汉代许慎在《说文解字》中对玉的解释说：

> 玉，石之美，有五德者，润泽以温，仁之方也；□理自外，可以知中，义之方也。
> 
> 其声舒扬，专以远闻，智之方也；不挠而折，勇之方也；锐廉而不忮，洁之方也。③

古人常以尊玉、佩玉、赏玉、玩玉来增添生活乐趣，更以玉象征君子

---

① 《穆天子传》卷二云："辛卯，天子北征，东还，乃循黑水，癸巳，已至于羣玉之山，容成氏之所守，曰群玉山，知阿平无险，四彻中绳，先王之所谓册府。"见《穆天子传》（作者不详）[（台湾）中华书局，1978]，第4页。此外《山海经》云："又西三百五十里，曰玉山，是西王母所居也。"参见袁珂校注《山海经》，（台湾）理仁书局，1995，第50页。

② 郑玄：《礼记郑注·玉藻》卷九，（台湾）中华书局，1985，第16页。

③ 许慎：《说文解字》，（台湾）艺文印书馆，1994，第10页。

的德性,"玉"在古人心目中有着美好、高尚之意。而在宗教方面,玉被视为可用作连接人间世俗与祖先神灵的灵物,因此以之制作礼仪祭祀之器,并大量使用在各种宗教祭祀活动中。

2008年随着昆仑玉成为北京奥运之奖牌用玉后,因其特殊的昆仑文化底蕴,备受世人关注。然而因近年来商业需求过盛,在讲求量产与采用快速爆破式破坏性的开采后,昆仑玉在品质与开创性上,仍有待突破性的发展。未来也可以借由书艺活化的新视野,赋予昆仑玉浓厚的文化底蕴。在台湾如知名的玉雕家高敬围,其作品融入气的流动感、音乐的律动,以及汉字书法的韵致。他以刀法的点、线、面与阴阳之变化,将诗文、哲理与禅思意境,透过作品自身的小宇宙汇聚成大宇宙,来呈现"天人合一"、"化繁为简","返璞归真"的境界,如图6、图7所示。

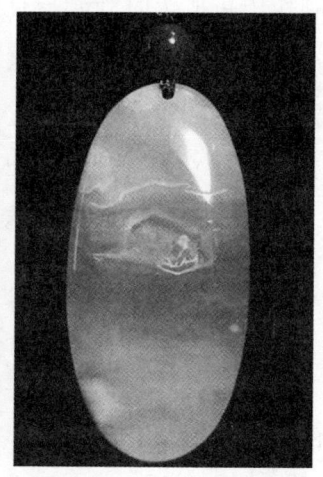

图6 月空水影——高敬围玉雕·癸酉之夏·虚竹·天然冰种缅甸玉.尺寸:53mm×25mm×6mm

图版来源:About Us Previous Exhibitions http://hohoarts.myweb.hinet.net/web4/2001/2001-old-E-01.html(2014.07.14上网)。

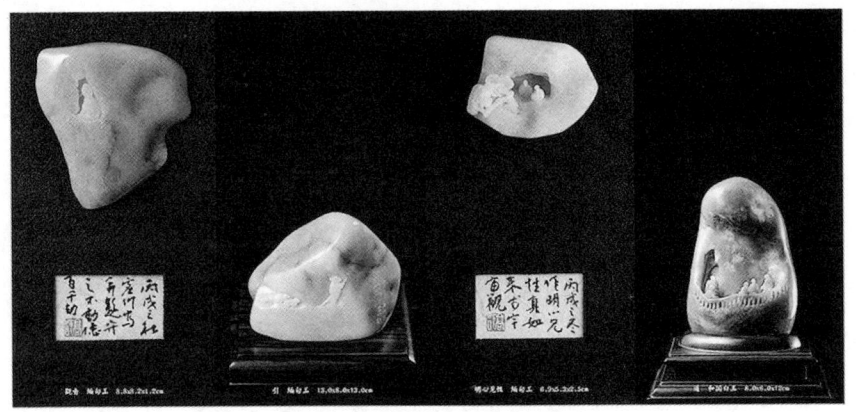

图7 高敬围玉雕创作展 CImage 17 of 124

图版来源：About Us Previous Exhibitions http：//www. hohoarts. com/e/2001/2001 - old - E - 01. html （2014. 07. 14 上网）。

未来青海昆仑玉产业发展，在量产的部分，除了能重新检视开采方式外，制作出可成为时尚潮流且能成为未来经典隽永的汉字品牌产品。另外在优美的玉质上，可融入人文艺术美学，在传统工艺的基础上积极创新。将应用汉字书法文化的深度、广度及其特殊性，与文创产品的审美知能和文化认同结合起来，作为书艺活化转创并融入青海文化内涵，将能开展另一股生生不息的文创源泉。

## 五 结论

文化的保护在于文化传承，昆仑文化是开发青海文创产业的重要资源，随着社会发展、文明的进步，昆仑文化在青海经济社会发展中也渐形重要。自2010年到2014年中国昆仑文化国际学术论坛将迈入第五届，来自海峡两岸及欧、美、亚洲等国家和地区之学者的参与，丰富昆仑文化的内涵并达于广泛的交流，此中反映中华文明的"源头文化"尤值得我们重视。对于青海此一"大地域"文化概念，笔者从多元视角,将属于中国文化的"现代书艺"融入。在阐述台湾书艺活化亮眼的案例中,提出以科技转创建立昆仑博物馆之文化品牌、联结汉字书艺与神话文学,成为民族舞蹈创意新能量,以及以汉字文化深度转创昆仑玉石产业等三个面向。借由本次学术论坛,经与会专家学者的分享与交流,期待充满生机活力、不拘一格的昆仑文化,能于自然与人文的审美观照中,开创丰实的文创产能,进而彰显昆仑文化在这个时代中所具有的特殊意义和价值。

**参考文献**

(元)脱脱等撰《金史》,(台湾)商务印书馆,2010。

台北故宫博物院-认识故宫-大事记,http://www.npm.gov.tw/zh-tw/Article.aspx?sNo=3001526(2014.08.30 上网)。

台北故宫博物院 2012 年 6 月 14 日《故宫荣获美国博物馆协会 2012 年缪思奖(MUSE Awards)金牌双奖》,http://webarchive.ncl.edu.tw/archive/disk19/81/82/07/39/64/201202093053/20121110/web/web2.npm/zh-tw/new_24,302.htm?docno=1343(2014.08.01 上网)。

曲怡文:《林怀民 舞者动作 都带著强烈文化》,世界新闻网,http://www.worldjournal.com/(2014.08.04 上网)。

李秀华、罗美兰:《故宫法书结合大学书艺转创应用之发想》,2014。论文发表于成功大学主办,台大、成大、东华三校中文系联合学术会议,第 1~20 页。

许惠捷:《"创意"从妙法自然看台湾文创方向》,http://www.boco.com.tw/NewsTdcDetail.aspx?bid=B20,130,110000001(2014.07.20 上网)。

《穆天子传》,(台湾)中华书局,1978。

袁珂校注:《山海经》,(台湾)理仁书局,1995。

(汉)许慎:《说文解字》,(台湾)艺文印书馆,1994。

(汉)郑玄注:《郑注周礼》,(台湾)商务印书馆,1967。

(汉)郑玄注:《礼记郑注》,(台湾)中华书局,1985。

(编辑:鄂崇荣)

# 《中国民俗学集刊》征稿启事

《中国民俗学集刊》是由中国民俗学会业务指导、青海省民俗学会主办、社会科学文献出版社出版发行的学术性集刊，主要栏目有"民俗学与国家战略"、"民俗文化研究"、"田野调查"、"书评与序跋"等。诚邀海内外学术同行赐稿支持。

来稿要求：

1. 自觉遵守学术伦理，保证论文原创性，行文符合学术规范，参考文献和注释等要素齐全。

2. 论文观点独到、论述严谨、资料翔实、数据可靠、语言精练、言之有物，字数以 10000～25000 字为宜。本刊编辑部对每篇来稿都有回复，请勿一稿多投。

3. 论文需有摘要和关键词，以及作者供职单位、学位、职称和研究方向等。

4. 每期确定一个研究主题进行集中讨论。拟陆续编辑"西北花儿研究"、"山水信仰文化"、"土木民俗文化"、"人生礼仪"、"语言民俗文化"、"火信仰文化"等专号，欢迎作者根据专题赐稿。

5. 投稿邮箱：zgmsxjk@126.com；联系电话：13897413038，联系人：霍福。

《中国民俗学集刊》编辑部
2014 年 7 月 2 日

图书在版编目（CIP）数据

中国民俗学集刊.2014年.第1期/赵宗福主编.—北京：
社会科学文献出版社，2015.4
ISBN 978 - 7 - 5097 - 4987 - 6

Ⅰ.①中… Ⅱ.①赵… Ⅲ.①民俗学 - 中国 - 丛刊
Ⅳ.①K892 - 55

中国版本图书馆CIP数据核字（2015）第014411号

### 中国民俗学集刊（2014年第1期）

主　　编 / 赵宗福

出 版 人 / 谢寿光
项目统筹 / 任文武
责任编辑 / 高　启　王凤兰　王　颉

出　　版 / 社会科学文献出版社·皮书出版分社（010）59367127
　　　　　 地址：北京市北三环中路甲29号院华龙大厦　邮编：100029
　　　　　 网址：www.ssap.com.cn
发　　行 / 市场营销中心（010）59367081　59367090
　　　　　 读者服务中心（010）59367028
印　　装 / 三河市东方印刷有限公司

规　　格 / 开　本：787mm × 1092mm　1/16
　　　　　 印　张：11.75　字　数：143千字
版　　次 / 2015年4月第1版　2015年4月第1次印刷
书　　号 / ISBN 978 - 7 - 5097 - 4987 - 6
定　　价 / 48.00元

本书如有破损、缺页、装订错误，请与本社读者服务中心联系更换

▲ 版权所有 翻印必究